#SOYSOLA

*Este libro va dedicado a todas las personas
que creen en el amor y que saben que
el más importante es el amor propio.*

Pepe & Teo

AGRADECIMIENTOS

 **PEPE:**

Gracias a Gil Camargo.

Gracias a todas las personas que me enseñaron
lo que verdaderamente es el amor: Juana, Daniel,
Nadia, Rocío, Karla, Christiann, Gaga, Ariana,
Oprah, Ru, Hedwig, Barbra, Yalitza, Micha, Mina,
Charly y César.

 **TEO:**

A mamá, por siempre estar, en las buenas y en
las malas, y seguir acompañando mi vida y mi
corazón a cada paso que doy. Que nos encontremos
nuevamente en el infinito para seguir juntos, como
ha sido hasta hoy.

PEPEyTEO

#SOYSOLA

Planeta

Índice

07

Un mensaje de Pedrito Sola

10

Presentación

19

Capítulo I
Amor propio

Capítulo II
#SoySola porque quiero, pero ¡qué quiero!

47

75

Capítulo III
Soltería no es igual a soledad

101

Capítulo IV
Modern Sex

131

Capítulo V
Antes de gozar: ¡salud sexual!

Capítulo VI
Las aventuras de Pepe&Teo: el increíble universo donde se hace el delicioso

157

183

Capítulo VII
Después de gozar tanto...

UN MENSAJE DE PEDRITO SOLA

El amor propio es la confianza que uno tiene en sí mismo, es la aceptación de la propia persona tal como es. Sentirnos muy bonitos en nuestro cuerpo, sea el que sea, no importa, porque lo que más tenemos que amar es nuestra inteligencia. Lo físico se va acabando, pero el conocimiento perdura para siempre.

Pedrito Sola

«If you can't love yourself, how in the hell you gonna love somebody else?
Can I get an amen!».

«Si no puedes amarte a ti mismo, ¿cómo demonios vas a amar a alguien más? ¡Digan amén!».

Mamá Ru
(RUPAUL CHARLES)

¡Hooooooli de nuevo!

Estamos felices de estar entre tus manos una vez más.

Si este bebé te llegó como un obsequio, entonces esa persona, como nosotros, quiere lo mejor para ti (dale las gracias profundamente). Si lo estás hojeando, quédate con él, ya que no importa si eres soltero o estás en pareja: vas a encontrar amor, aprendizaje, sabiduría y consejos que te servirán toda la vida.

Sin importar el motivo por el que nos estás leyendo, estamos seguros de que este libro es otra estupenda guía para comenzar la relación más importante de tu vida.

¡Bienvenidxs todxs!

Antes de entrar de lleno: si ya disfrutaste

La estupenda guía para vivir la vida a tu manera

o si ya has visto alguno de nuestros videos, entonces sabes cómo somos tus tías Pepe y Teo. Pero si no nos conoces, permítenos entrar por la puerta grande a tu corazón:

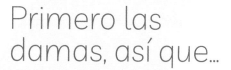

Primero las damas, así que...

Hola, amikes. ¡Yo soy PEPE!

El yin del dueto más **FABULOSO** de YouTube: la única diva de las redes sociales, la primera actriz y la más talentosa.

No sé si lo sabes, pero te cuento rápido: por el momento mantengo una relación abierta, es decir, tengo una pareja estable e increíble, pero puedo seguir compartiendo mi ser con otros seres.

Como base de esta decisión personal y de pareja, está el poderoso e inigualable sentimiento del **amor propio**. Porque eso sí: con o sin relación, ¡no me abandono ni me dejo de cuidar a mí mismo!, pues soy el único con el que siempre voy a contar.

—¡Te amo, Pepe!
—¡Y yo a ti, Pepe!

Independientemente de mis relaciones sentimentales, **el amor propio** ha sido un apoyo constante para saberme hermoso, conocer mi potencial y aceptarme tal y como soy: ¡una chingona! Y junto con mi hermana, vay a compartir contigo esta hermosa energía en forma de libro.

¡Ahora sigue la reina!

Yo soy TEO.

El yang que complementa esta **FANTÁSTICA** dupla: la gran señora que levanta la ceja para dejar el comentario astuto, calculador y gracioso.

Debo señalar que yo también estoy en una relación de pareja, pero es una relación cerrada: solo de dos personas. Algo más recatado, así me gusta.

Desde que descubrí el poder del **amor propio**, y sin importar mi situación de pareja (¿te acuerdas de cuando era presidenta del #SoySolaArmy?), me he mantenido dueña de mí, gobernada, poderosa y, lo más importante, profundamente feliz.

Porque más allá de los retos personales o de pareja que he superado, te puedo asegurar que **amándome a mí mismo** es como he compartido intensamente **cada segundo, cada parpadeo y cada latido** con las personas que más amo en mi vida.

PEPE: *SE DESMAYA DE AMOR*.

TEO: AY, ¿NO ESTUVO TAN CURSI O SÍ?

Ya muy presentados, déjanos compartirte el poder del **AMOR PROPIO** en este maravilloso material de lectura y arte que tienes en tus manos.

¿QUIERES ESTAR SOLx?

¿QUIERES PAREJA?

¿LO TUYO ES DARLE AMOR A TODxS?

¡NO BUSQUES MÁS! ESTE HERMOSO LIBRO SERÁ TU MANUAL DE AMORES.

¿Qué es el amor propio?

Primero lo primero, conozcamos este concepto. En palabras de los doctores expertos en temas del amor, o sea, nosotros:

> **El amor propio es** esa energía hermosa que sientes por ser tú mismo en cualquier lugar, circunstancia y situación sentimental en que te encuentres. Reflejas este invaluable sentimiento con el ejercicio diario de respeto, cuidado y cariño que procuras para ti mismo y, después, para todas las criaturas que te rodean.

EL AMOR PROPIO ES LA RELACIÓN MÁS LARGA E IMPORTANTE QUE VAS A TENER EN TODA TU VIDA.

Y aunque sabemos que a veces se te olvida el maravilloso ser que eres, nosotras, tus tías favoritas, estamos aquí para recordártelo. Porque si nosotras nos amamos a nosotras mismas incondicionalmente (y mira que no somos moneditas de oro), tú, que estás leyendo estas líneas, serás capaz de amarte tanto como amas a cualquier otro ser de este planeta.

¡Vamos paso a paso, comadre!

AUTOCONOCIMIENTO

Algo muy importante para llegar al amor propio es aprender a conocerte: qué, dónde y cuándo te gusta, y también debes tener claro lo que no te gusta. No debemos permitir que los demás nos impongan sus filias si no estamos de acuerdo, así que autoconócete, explórate y descubre por qué te quieres tanto.

¡Es clave!

Y no hablamos solo de ese autoconocimiento que se hace con la mano, ¡cochinas! El conocimiento del propio cuerpo es vital y delicioso, pero eso lo trataremos después; en este momento hablamos de voltear los ojos y verte pa' dentro, echarte un clavado en tu interior para saber cómo andas de tu mente, de tus emociones, de tu organismo y de tu espíritu.

**¡No tengas miedo de conocerte!
Todos los seres humanos
tenemos defectos y virtudes.
Mírate bello, desnudo,
y examina los tuyos.**

Cuentas con cosas positivas y negativas, debilidades y fortalezas que te integran como la persona especial que eres.

¡TODOS SOMOS DIFERENTES, TODOS SOMOS ÚNICOS!

Aquí no vale mentirse, debes hacerte toda clase de preguntas (a veces incómodas) para conocerte.

¡Esto es el inicio para valorarte y quererte tal como eres!

Es de suma importancia que seas constante, ya que cambias con el tiempo sin darte cuenta. Pero si te observas de manera honesta, sin importar si estás solo o en pareja, siempre tendrás una relación feliz contigo mismo y, posteriormente, con otra(s) persona(s).

¿Estás listx para ser de nuevo esa persona llena de amor por ti y por el resto del mundo?

¡PUES YA DALE VUELTA A LA PÁGINA, HERMANA!

¡SIN EMBARGO!

¡SIN EMBARGA!

¡SIN EMBARGUE!

¡SIN EMBARGX!

Aquí únicamente vamos a hablar del amor propio cuando las circunstancias de la vida te invitan a ser #SoySola. Es decir, vamos a tratar temas del amor propio, pero desde la conveniente y disfrutable situación de la llamada *soltería*. Ahora que si estás en pareja:

1. Échate este librito para recordar que también debes disfrutar por tu cuenta.

2. Llama a tu amorcito y apúrense a conseguir #NiTanSola. Lean los dos libros, nunca saben las vueltas que da la vida.

PEPE: CUANDO TERMINES, TE ESPERAMOS DE VUELTA POR ACÁ. ES IMPORTANTE QUE ENTIENDAS SIEMPRE LOS DOS LADOS DE LA MONEDA.

TEO: Y SI TE QUEDAS AQUÍ, UNA VEZ TERMINADO ESTE LIBRO: ¡VE POR EL OTRO! ASÍ NO TE AGARRARÁN EN CURVA CUANDO TENGAS PAREJA.

Capítulo

1

Amor
propio

Conócete
de principio a fin

EL AMOR EMPIEZA EN UNO.

¡Viva el amor propio!

Asimila esta verdad absoluta
de la vida: cuando uno se va,
se acaba el mundo, así que
UNO mismo es lo más valioso.

¿Y sabes quién es *uno
mismo* y por lo tanto lo más
importante de la vida?

TÚ

Notita: Aquí termina la información compartida, ahora sí, ¡a disfrutar la soltería!

AMOR PROPIO

Mírate directamente
(con espejo en la mano y todo):
Tienes que ser capaz de amar a la persona
que tienes frente a ti **porque eres tú y te
vas a soportar toda la vida.**

Conócete con todos tus sentimientos y aptitudes, a favor y en contra, para tener un panorama sano de dónde estás parado y ubicar tus límites en cualquier sentido.

Hay aspectos en los que siempre puedes mejorar. Hay otros en los que no, pero no te enganches con lo que no vas a poder cambiar.

Sé honesto con las cosas que no puedes cambiar: de dónde vienes, tu familia, tu color de piel, tu educación, etc. Habrá otras que sí puedas transformar y, para tu comodidad, quizá logres hacerlo, pero tus características irreversibles...

¡Déjalas fluir, hermana!

21

Ámate como eres

Ojo: Acá no hay trucos. El autoconocimiento para llegar al amor propio, insistimos e insistiremos, es un trabajo diario.

Tú eres el arquitecto de ti mismo y te diseñas día a día.

Para ello necesitas herramientas que van a construirte como ese hermoso templo al que todos van a querer entrar para... pues para lo que tú les permitas, ¿verdad?

Veamos los procesos necesarios para estar más cerca del amor propio:

1. Autocrítica

Esto es simplemente la disposición que tienes para admitir tus errores y aciertos de una forma objetiva. La autocrítica permite un mayor conocimiento de ti mismo, de tus verdaderas habilidades y de tus fallas. Este es un pilar muy importante: si eres honesto contigo, vas a serlo con el resto de las personas que estimas.

¡Siempre honesta, nunca inhonesta!

Por ejemplo, nosotros hemos trabajado la autocrítica desde hace mucho tiempo. Así encontramos más sencillo desechar los comentarios negativos y hacer espacio a los comentarios positivos que recibimos día a día a través de las redes sociales.

2.  **Aceptación**

Si ya hiciste el ejercicio de autocrítica, ahora admite y reconoce todo lo bueno y lo malo que tienes. Recuerda que no hay errores en tu persona o en tu cuerpo: solo eres diferente a los demás, único. Tienes que aprender y asimilar que ser diferente es ser especial.

¡Todos somos especiales!

3. **Determinación**

Cuando ya aceptaste todo lo que te constituye como persona y decides trabajar en lo que no te gusta (no porque te lo haya dicho alguien más, sino porque tú quieres), ten el valor y la entereza de transformarlo; y si no, ten la solidez de sentirte siempre en plenitud tal y como eres, sin dudarlo ni un segundo, digan lo que digan los demás.

¡Tú siempre de una pieza!

 **TEO:** DEBES TOMAR ESTOS PROCESOS EN CUENTA SIN DESESPERARTE Y SIN IMPORTAR LOS DISTRACTORES.

 **PEPE:** LO DECIMOS PORQUE EN NUESTROS TIEMPOS ABUNDAN.

DISTRACTORES QUE NO AYUDAN A CONOCERTE A TI MISMO

Son básicamente todos los medios o situaciones en los que te refugias cuando no quieres pasar tiempo contigo porque temes llegar a conocerte y no gustarte.

Y si ya estabas conviviendo contigo pero lo abandonaste, ¡reanúdalo! ¡Tú siempre determinada, hermana! ¡Sé valiente y no te distraigas por nada del mundo!

Por supuesto que debes enterarte de las noticias importantes:

¿VISTE EL ENCABEZADO DE HOY?

PERO TAMBIÉN ENTÉRATE DE TI.

¿VISTE EL #PEPEYTEOOPINAN DE LA SEMANA?... ¡QUÉ FUERTE!

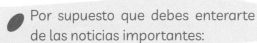
Date el gusto de andar de chismosa en el internet de las cosas:

PERO TAMBIÉN CHISMOSEA CONTIGO MISMO SOBRE TI.

¡¡¡AY, ME VOLVIERON A QUITAR LA ÚLTIMA TEMPORADA DE RUPAUL!!!

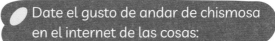
Ve todo el catálogo de Netflix:

PERO RECUERDA QUE TÚ ERES LA ESTRELLA DE TU PROPIO SHOW.

¡QUÍTATE, MARGINAL, NECESITO LLEGAR A VER EL FINAL DE MI TELENOVELA!

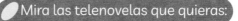
Mira las telenovelas que quieras:

PERO DIRIGE TU PROPIA NOVELA CON FINAL FELIZ.

Tomemos en cuenta que esta lista está incompleta porque, además, desde hace varios años contamos con el mayor monstruo de las distracciones:

LAS REDES SOCIALES

(Benditas sean)

El contacto constante con otras personas en tiempo real solo abona a que te distraigas mucho más que en otros tiempos... como en los de nuestros abuelos, por ejemplo.

ANTES

Si Pepe quería relacionarse de alguna forma con Teo, tenía que mandarle una carta. Y se tardaba un tiempo en escribirla.

HOLA, TEO. ¿CÓMO ESTÁS?

Más el tiempo que se tardaba en llegar al destinatario y el tiempo que tomaba en volver la respuesta...

Más el tiempo de la respuesta.

HOLA, PEPE. YO ESTOY MUY BIEN. ¿Y TÚ?

Súmale el trayecto de regreso, y otra vez, luego esperar, escribir, pensar, esperar y así hasta que, o se conocían y se amaban o apenas intercambiaban algunas cartas a lo largo de su vida.

25

Imagina todos esos lapsos que se tenían para pensar en lo que se quisiera... ¡Ajá, como en SÍ MISMOS!

Pero hoy es supercomplicado encontrar este tiempito porque vivimos en la era de la inmediatez, de los videos de gatitos y de los memes, y nos distraemos con facilidad. Y quién tiene la culpa: claro, **LA TECNOLOGÍA.** Relájate.

Obviamente no tiene la culpa, pero sí nos demanda bastante tiempo. Como ahora las respuestas son inmediatas, es fácil estar todo el tiempo comunicados y no soltamos nunca el celular (en este instante es muy probable que lo tengas en la mano o que puedas verlo con alzar la vista del libro o incluso que estés leyendo este libro en su pantalla).

AHORA

Abres una aplicación de citas y obtienes la gratificación que quieras.

SUGARDADDY1970: HOLA, NENE, ¿QUIERES COGER?

CACHORRITODEAMOR: CHÍ A TODO.

Ya está todo pactado. Lo haces y pasas
a lo siguiente. No hay mucho tiempo
para pensar ni en la situación ni en ti.

Un par de hechos a considerar en este
universo de las redes sociales como
distractores.

 Puede que sigas a personas que más o menos
tienen el mismo perfil que tú, lo cual parecería
muy normal, pero si tiendes a ser depresivo, es
probable que sigas a personas depresivas sin
darte cuenta.

¡Baaaaasta!

¡Busca lugares positivos y de
ayuda! ¡Adiós a lo tóxico!

2 Por otro lado, es posible que sigas a personas
que tú consideras exitosas en muchos aspectos
de la vida. Aunque las encuentres inspiradoras,
puede ser que al compararte con ellas notes que
sus vidas no se parecen mucho a la tuya.

**¡Recuerda que nunca debes
compararte con alguien más!**

Esto es por una simple razón: nadie
comienza en el mismo punto de partida.

Imaginemos que hay unas carreritas para llegar al final del arcoíris:

Aquí esta Pepe

Aquí está Teo

Ya se sabe quién tiene la ventaja y quién va a ser *influencer* más fácilmente.

Por la obviedad de las condiciones, y si este mundo fuera justo, se anularía la competencia.

Pero no, así no es la vida real. ¡Los que tienen la ventaja toman la ventaja! ¡Elimina esa ventaja, hermana!

Aquí está el final del arcoíris con una olla de corazones de Instagram

¿Sabes cómo?
¡No te compares!

La comparación es un instrumento viejito e inútil en el que competimos como locos. En la escuela, en el deporte, en el trabajo, en el dinero, en el amor. Tu meta debe ser estar bien contigo y en esa no se compite con nadie más.

DISTRACTORES DE LA VIDA REAL

Así como las redes sociales son distractores del encuentro con uno mismo, también existen otros en la vida real.

Hay que prestar atención, porque estos a veces llegan de manera consciente o inconsciente.

De repente te das cuenta de que sales a beber diario con tus amigos y vas a fiestas todas las noches. De pronto no tomas las mejores decisiones y siempre quieres estar afuera para llenar vacíos.

 **TEO:** YO, POR EJEMPLO, ME DI CUENTA DE QUE TUVE MI TEMPORADA DE SALIR DE FIESTA DE MANERA EXCESIVA, DISTRAYÉNDOME CON ESTÍMULOS EXTERIORES. SÍ, FUE DIVERTIDO, PERO DESPUÉS DE UN RATO SE VOLVIÓ DESGASTANTE Y LLEGÓ EL MOMENTO DE DECIR ALTO Y DE DISFRUTAR TAMBIÉN LOS MOMENTOS CONMIGO.

Descubrí que yo no quería lidiar con muchas cosas que tenía guardadas.

Otro ejemplo fue enfrentarme al hecho de que no me gustaba mi sonrisa a pesar de que los demás decían que les encantaba. Después de mucho tiempo de evitar hablar conmigo mismo sobre ello, la asimilé y entendí que es una parte de mí que no va a cambiar, así que decidí cambiar mi forma de verla y ahora me encanta, no por lo que dicen los demás, sino porque sonrío cuando soy feliz, como ahorita, que me estás leyendo.

Ahora, siempre que veo mi sonrisa pienso que es mía y es hermosa porque constituye quien soy. Al final del día me veo al espejo y digo: «Estamos muy bien».

30

Dilo para ti mismo:

«¡ESTOY MUY BIEN!».

EL CAMBIO ES NATURAL Y CONSTANTE

Tal vez antes te gustaba PXNDX, Belinda o Mónica Naranjo (¡y más vale que te sigan gustando Belinda y Mónica Naranjo!); ahora te gusta otra música y, aunque sigas escuchando las anteriores, ya cambiaste por cientos de causas diferentes. **¡Y también cambias físicamente!**

 **TEO:** A MÍ ME DECÍAN: «¿POR QUÉ NO ENFLACAS?», PERO LUEGO OTROS ME DECÍAN: «¿POR QUÉ NO SUBES DE PESO?». Y LUEGO OTRA VEZ: «TE VES MUY GUAPO DELGADO». PERO DE NUEVO ALGUIEN ME COMENTABA: «ME GUSTABAS MÁS CUANDO ESTABAS CHUBBY».

¡Ya te imaginarás cómo estaba mi cabeza!

Fue entonces que dije: «¡Wow, suficiente!». Necesito tener seguridad en mí para que todos estos factores externos no manipulen lo que soy y para que sus comentarios, por muy feos y raros que sean, no me tiren hasta lo más profundo ni, por muy bonitos e igual de raros que sean, me eleven hasta el cielo.

PEPE: COMO DICE MI NIURKA: «LA CABEZA NI TAN ABAJO PARA QUE TE LA PISEN, NI TAN ALTA PARA QUE TE LA CORTEN».

TEO: ASÍ QUE AHORA, INDEPENDIENTEMENTE DE LO QUE OPINEN DE MÍ, CON DETERMINACIÓN ME MANTENGO COMO YO QUIERO.

¡Así hazle tú, que la opinión más importante sea la tuya y que no esté moldeada por los demás!

#SecretoDeAmorPropio:
por si no lo sabes, nosotros comenzamos a darnos cuenta de la importancia del amor propio gracias a los comentarios en nuestros videos. Aunque suene extraño, nos ayudó a conocernos mejor.

PEPE: CUANDO NOS ESCRIBEN COMENTARIOS POSITIVOS, DECIMOS: «GRACIAS, QUÉ BUENO QUE TE GUSTE»; SI SON MALOS, PUES: «AY, QUÉ MAL QUE NO TE GUSTE, PERO ESA ES SOLO UNA OPINIÓN TUYA». ¡Y LISTO! NO NOS ENGANCHAMOS. YO APRENDÍ A NO PERMITIR QUE ME AFECTARAN LOS COMENTARIOS EXTERNOS GRACIAS A MI MADRE Y SUS TÉCNICAS ALTERNATIVAS DE VIDA; APRENDÍ QUE PRIMERO ME AMO A MÍ Y DESPUÉS PUEDO AMAR A ALGUIEN MÁS.

Por eso siempre me sacan de onda las personas que anteponen a otras. ¡¿Por qué se hacen eso?!

Tú que nos estás leyendo, no lo hagas, amiga, ¡Vive para ti!

Consejos claves para amarte a ti mismo:

Escucha las críticas constructivas

Estos comentarios son los que te ayudan muchísimo a crecer. Normalmente vienen desde el amor de personas que te rodean y se identifican contigo por el contexto o las circunstancias de vida. Desecha aquellas críticas que vienen de personas tóxicas o que no quieren lo mejor para ti.

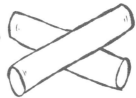

Pon atención a los comentarios positivos

Acepta los cumplidos, créetela, escucha lo bueno que alguien tiene que decir acerca de ti y dales poder a esos comentarios. Todas las personas tienen una opinión sobre ti y pueden ofrecértela; no les otorgues ninguna importancia a aquellos comentarios que se enfoquen únicamente en resaltar tus defectos, errores o limitaciones.

Detalles a considerar

Tenemos días en los que no nos gustamos, no nos queremos levantar y pensamos cosas tristes. Esos días también se valen. Solo cuida que esto no suceda diario, un mal rato no debe durar mucho tiempo. Si de plano llevas semanas o meses así, recuerda que un especialista en salud mental siempre es una buena opción.

PEPE: DE ESTOS CONSEJOS, EL QUE ME HA FUNCIONADO MUCHÍSIMO TODA MI VIDA:

Ríete de ti

¿Pooor? Porque somos hermosos, pero no perfectos. Aprender a reírnos de nosotros y de nuestros errores y defectos es como un movimiento de defensa personal cuando tratan de atacarnos con comentarios negativos. Ahora eres impermeable a las malas vibras.

Cuando te ríes de ti, le quitas ese poder a cualquier persona que quiera burlarse de ti. Y es que si yo me río de mí, los demás se ríen conmigo, pero no de mí. Así que ese es uno de los métodos que más me ha empoderado en esto del amor propio.

Pero a todo esto...
¿Qué pasa cuando no te amas a ti mismo?

¡CAOS, DESTRUCCIÓN, APOCALIPSIS Y RELACIONES TÓXICAS!
(LAS CUALES VEREMOS MÁS ADELANTE)

Ya en serio, lo que sí viene son conductas nocivas para ti. Y es que cuando no te aceptas, caes en vicios que dañan tu salud.

PEPE

TEO

- Malos hábitos alimentarios.
- Abuso de drogas o alcohol.
- Desórdenes de sueño.
- Humor irritable.
- Compras compulsivas o gastos innecesarios.

En el fondo, todo esto se hace porque se cree que ESTAR SOLX no es una buena condición para el ser humano. **PORQUE ESO ES LO QUE NOS ENSEÑAN POR TODOS LADOS:**

- Los cuentos de hadas.
- Las películas románticas.
- Las telenovelas.
- Las familias.
- La sociedad.

Pero lo que no te dicen es que si no te sabes amar a ti mismo, solo caerás en chantajes, cinismos, enojos, manipulación, y estarás en la peor relación tóxica de tu vida: **¡CONTIGO MISMX!**

¡Rompe este círculo vicioso y **ÁMATE**! Piensa en todo lo lindo que tienes para ofrecer, no a una persona, ¡sino al mundo entero!

Estar sola te da la oportunidad de **estar con todos y con nadie.** ¡EEELLA, LA METAFÍSICA!

OJO:

Como ya lo mencionábamos, puede existir el otro extremo.

Quizá ya eres una persona tan autosuficiente y tan autorrealizada que has formado un escudo para que no te hagan daño.

TEO: BEBÉ, ¡SE VALE SENTIRSE VULNERABLE Y RECIBIR AMOR EN FORMA DE AYUDA O VICEVERSA!

Eres tan autónomo que parece que no necesitas a nadie. Solo no sostengas ese escudo por temor a bajar la guardia, pues terminarás por ahuyentar a personas que, quizá, te harían crecer más de lo que ya creciste por ti mismo.

No hablamos de una relación amorosa, sino de varias relaciones personales que pueden dejarte aprendizaje y cariño mientras tú sigues amándote a ti y disfrutando tu tiempo en soledad.

PEPE: Y POR ESO, EL SIGUIENTE TEMA ES IMPORTANTE.

APRENDER A ESTAR SOLA

Cuando no tenemos amor propio, lo que más nos aterra es estar solos porque estamos convencidos de que deben amarnos desde fuera para amarnos por dentro. Dependemos de los demás para sentir que importamos, pero no: este es un truco del #malditosistemaheteronormado.

 ¿Es fácil cambiar esta dinámica?

¿Qué pasa si no quiero aceptar y abrazar mi soledad? Mira, aquí entre nos, es muy probable que tus relaciones no se desarrollen bien. Vas a depender del tiempo y el cariño que te den los demás y, sin importar con quién estés, caerás en los mismos errores una y otra vez.

Puede que esto ya te haya pasado en más de una ocasión y si es así, deberás poner atención, romper esos patrones y hacer los cambios que creas necesarios.
¡No tengas miedo!

> Hay grandes lecciones en la soledad.

Aprender a estar solo te permite conocerte a niveles que nunca creíste posibles. Por ejemplo, imagina que te mudas a otra ciudad: tienes que desarrollar la capacidad de sobrevivir día a día sin el apoyo de tu familia y amigos. Tienes que vivir por tu cuenta y es entonces cuando aprendes mucho de ti mismo. Después de un tiempo y de muchas, muuuchas horas de reflexión, terminas por organizar tu propia vida como a ti te gusta y por saber qué te gusta comer, cómo te gusta dormir, qué haces para divertirte; así que aprendes a cocinar, a pagar las cuentas, a controlar tus tiempos y a dejar que las nuevas personas de tu vida lleguen por elección y no por imposición.

PERO NO ES NECESARIO MUDARTE
PARA RECONOCER EL PODER QUE TIENES
DENTRO DE TI, HERMANA.
¡BAJA ESA MALETA, BÁJALA YA!

#Secretodeamorpropio:

Haz lo que sueles hacer con tus amigos, familiares o compañeros, pero sola. Vas a valorar todo el potencial que tienes y verás que te la pasas increíble.

 **PEPE:** Aprender a estar solo se puede manifestar en pequeñas actividades que realices por tu cuenta.

PARA ESO HEMOS IDEADO UN FABULOSO TEST LLAMADO #SOYSOLA, EMPODERADA, INDEPENDIENTE Y AUTÓNOMA TEST.

 **TEO:** EL NOMBRECITO LO ELIGIÓ ELLA.

 **PEPE:** PERO BUENO, ES MUY SENCILLO Y DIVERTIDO. IMAGÍNENSE QUE ESTAMOS JUNTAS EN PIJAMA, EN LA CAMA, CON MASCARILLAS DE AGUACATE.

#SOYSOLA, EMPODERADA, INDEPENDIENTE Y AUTÓNOMA TEST

By Pepe&Teo

A continuación encontrarás seis actividades que creemos que todo mundo debería realizar solx en algún momento de su vida. Checa la lista y luego revisa tus resultados.

1. Eventos

Bailar como loca tú sola; comprar un solo boleto para el concierto de Billie Eilish; ir al cine y repetir todas las líneas dramáticas de la protagonista, llorar mejor que ella; entrar a la primera exposición que te encuentres y rozar tu barbilla o reír en voz alta como si solo tú entendieras la relación entre la dialéctica negativa y un lienzo lleno de pecas de colores; asistir a algún show tan espectacular como el de nosotras.

2. Comidas

Cenar en un restaurante moderno en el que debas señalar el platillo para no tener que pronunciarlo; brunchear contigo misma en el lugar más chic del momento; tomar un café de esos que gotean como dos horas antes de que se llene la taza; beber un coctel con más ingredientes que el mole oaxaqueño.

3. Viajes

Desde ir a Tepetongo hasta visitar las blancas playas de Mykonos. Inventarte un outfit para el viaje, como si te transformaras en el personaje que siempre has soñado ser. Al fin que nadie te conoce y no pueden juzgarte por usar un palazzo amarillo y tenis rojos con lucecitas, ¡la Rosalía!

4. Ser tu propio +1 en una fiesta

Solo por el gusto de bailar como loca otra vez, acabarte la barra libre del anfitrión y conocer a nuevas personas.

5. Aprender algo nuevo

Tomar un taller de dibujo, aprender un nuevo idioma o tejer chambritas. Aquí matas dos pájaros de un tiro: te diviertes y puede que conozcas al afortunado que te abrazará por detrás mientras moldeas el suave y húmedo barro, si es que eso estás buscando.

6. Ir de *shopping*

Bueno, qué te decimos: comprar. Lo interesante de comprar tú solita es que nadie te da su opinión y terminas comprando lo que a ti te gusta, sin la presión de elegir algo porque los demás te dicen que se te ve increíble. Ya lo sabes, hermana, tú siempre estás divina, solo recuerda no sobregirar ninguna tarjeta.

RESULTADOS

 a.

 b.

 c.

Si realizas todas o casi todas estas actividades: ¡felicidades por ser empoderada, independiente, autónoma y autosuficiente!

Haces lo que todos los seres humanos deberíamos hacer más seguido: pasar tiempo con nosotrxs mismxs. Esperamos que sigas así. Solamente cuida no caer en la soberbia y mantén sano tu círculo de seres queridos.

Si has realizado entre dos y cuatro de todas estas actividades: ¡vas bien en la búsqueda de ti mismo!

Te consientes de vez en cuando, y está muy bien. Pero no olvides que eres lo más importante. Mientras tú seas feliz con lo que haces porque así lo quieres, no tendrás obstáculos para tomar lo que desees de la vida.

De cero a dos actividades: debes considerar pasar más tiempo contigo.

Simplemente no te gusta realizar estas actividades solo, te entendemos. Pero si no las haces porque no tienes con quién ir, déjanos decirte que te estás perdiendo de valorar tu propia compañía. ¿Cómo te van a disfrutar los demás si tú no te conoces? ¡Sal sin preocupaciones! Nadie te va a mirar feo por estar solo. Date la oportunidad y te darás cuenta de que la pasas muy bien.

Tu diversión, placer y educación no deben depender de nadie más.

Encuentra tú misma lo que quieres para ti.

ENCONTRARTE A TI MISMA

PEPE: ¡AY, HERMANA! ¿PUES DÓNDE ESTABAS?

No importa, te entendemos. Estabas en todos lados menos contigo. Claramente hay un temor y ese temor puede venir de enfrentarte con lo que otras personas quieren para ti. Empezando por la familia. Ojo aquí, amikes adolescentes o que siguen viviendo con sus papás. Hay familias donde:

- Todxs son doctores.
- Todxs son deportistas.
- Todxs son rancheros.
- Todxs son intelectuales.
- Todxs son correctos.

Y entonces te encuentras con que eso no es lo que verdaderamente te gusta a ti, y tú vas a contracorriente:

- Yo quiero ser arqueólogo.
- Yo quiero ser gamer.
- Yo quiero ser citadino.
- Yo quiero ser youtuber.
- Yo quiero ser la más draga.

Pues fíjate que todas esas voces exteriores jamás deberán callar tu voz interior.

Insistimos: ¡elige tus batallas!

Hay veces en que quieres salirte de tu casa y alejarte con tu trapito amarrado a un palo de escoba porque ya no aguantas las cabecitas estrechas de los demás. ¡Calma, amiga!

Quizá no es el momento para rebelarte y quedar fuera de la pelea por los terrenos familiares, pero tampoco dejes de ser lo que tú quieres. Recuerda que siempre puedes comunicarte y dialogar con tu familia para que entienda lo que a ti te mueve. Mantén tus convicciones y llegará tu momento de florecer y salir del capullo como una hermosa mariposa tornasol.

La clave es identificar qué es lo que sí te está gustando y, aunque en ese momento no lo estés realizando abiertamente, ten por seguro que llegará el momento en el que podrás ser autónomo e independiente… y ahora sí: ¡agárrate, mundo!

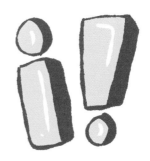

PEPE: ADEMÁS, SIEMPRE PUEDES CONSULTAR *LA ESTUPENDA GUÍA PARA VIVIR LA VIDA A TU MANERA*, NUESTRO PRIMER LIBRO, DONDE ENCONTRARÁS MÁS RESPUESTAS A ESTAS DUDAS.

POR LO PRONTO, TEN EN LA MEMORIA QUE LO MÁS IMPORTANTE ERES TÚ

TEO: ¡SÉ VALIENTE CON TUS CONVICCIONES! TOMA LAS RIENDAS DE TU PROPIA VIDA.

Tampoco pongas una barrera impenetrable en esto de encontrarte a ti, date la oportunidad de cosas nuevas, escucha a las demás personas cuando sientas que debes hacerlo. Porque puedes estar perdiéndote algo increíble. Date la oportunidad de vivir nuevas experiencias. Eso sí: ¡consensuadas y sanas!

¿Y sabes cómo puedes vivir cosas nuevas?

¡EX-PE-RI-MEN-TAN-DO!

Recuerda que este libro no es para encontrar pareja, pero sí para **(re) encontrar al amor de tu vida...**

EL AMOR DE TU VIDA
ERES TÚ.

 **TEO:** Y PARA QUE CONTINÚES CON ESTE LIBRO Y CON TODA TU VIDA EMPODERADA DESDE TU SOLEDAD, TE PRESENTAMOS UNA PLAYLIST PARA AMARTE A TI MISMO.

 **PEPE:** A NOSOTRAS, LA MÚSICA NOS HA LIBERADO DE UNA FORMA ESPIRITUAL Y TRASCENDENTAL.

Aquí es donde nuestras divas del pop nos han dado el poder que teníamos oculto. Esperamos que siempre que escuches estas canciones sientas todo el poder que tienen dentro.

 # Playlist

BEYONCÉ - «Single Ladies»

KELLY CLARKSON - «Stronger (What Doesn't Kill You)»

PUSSYCAT DOLLS - «I Don't Need a Man»

BRITNEY SPEARS - «Stronger»

TAYLOR SWIFT - «We Are Never Ever Getting Back Together»

JESSIE J - «Queen»

DESTINY'S CHILD - «Survivor»

FIFTH HARMONY - «That's my Girl»

CINDY LAUPER - «Girls Just Wanna Have Fun»

ARIANA GRANDE - «Thank U, Next»

DEMI LOVATO - «Confident»

DOJA CAT - «Boss Bitch»

SARAH BAREILLES - «Brave»

LADY GAGA - «Marry the Night»

SELENA GOMEZ - «Who Says»

Capítulo

2

#SoySola porque quiero, pero ¿qué quiero!

¿Qué es lo que quieres y qué no?

¿QUÉ QUEREMOS?

Esta pequeña introducción es un puente perfecto para llevarte al siguiente tema, que es uno de nuestros favoritos.

PEPE: Y ES QUE ES ACERCA DE LA PUTER..., DIGO, DEL MISTERIOSO ARTE DEL LIGUE CUANDO #SOYSOLA.

Aquí es el momento para deschongarte... Bueno, más bien para arreglarte el chongo y ponerte guapa porque ya tienes que salir a presumir tu amor propio por todos lados. No te hagas, hermana: si ya te conoces y te amas, es hora de explorar y ver qué se te antoja en esta jungla salvaje del amor.

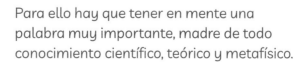

Para ello hay que tener en mente una palabra muy importante, madre de todo conocimiento científico, teórico y metafísico.

¡EXPERIMENTAR!

Verbo transitivo.
Probar y examinar de manera práctica
la virtud y las propiedades de algo...

 **PEPE:** EL SEXO, POR EJEMPLO.

 **TEO:** O LA CALIDEZ DE LA COMPAÑÍA
HUMANA... QUE TE LLEVA AL SEXO.

De cualquier forma, ya estás segurx de ti y de lo
chingón o chingona que eres, así que no tengas
miedo de experimentar: sal a buscar lo que quieres
(y, por añadidura, lo que no quieres) dando siempre
lo mejor de ti.

¡DIVIÉRTETE EN TU SOLTERÍA!

¡Esta etapa es de las cosas que más vas a disfrutar
en la vida, hermana! porque este es el momento para
que te des cuenta de lo que deseas en tu pareja, en
el encuentro sexual, en una simple cita, en los besos,
EN TODO.

ACOTACIÓN:

No abordaremos la cuestión de tus gustos físicos
(sabemos que lo tienes clarísimo, pero te lo recordamos):
¡porque todos *somos* **DE GUSTOS** y cuerpxs **DIFERENTES**
Y TODXS SOMOS HERMANXS!

Recuerda que los estándares de belleza no representan a todas las personas. ¿Tu mamá siempre te dijo que mejor flaquitos? ¿Tus amikes siempre ligan whitexicans? ¿Tu abuelita decía que hay que mejorar la raza? ¿Y quién se va a desayunar al hermoso ser que conociste en el antro anoche? ¿Tu mamá, tu abuelita? **Tú** te vas a dar todo con quien más te guste, así que continúa esta etapa sin preocuparte por los juicios de los demás. Nada más deja lugar para este par de tías sabias, místicas y muy experimentadas.

Con nuestras investigaciones empíricas, teóricas, esotéricas y elegebetistas, tendrás un poco más claro el tipo de ligue que va contigo: *fuck buddy* (amigo con beneficios), encuentros casuales y esporádicos, aventurarte en un trío, una pareja por temporada o algo más tranqui, clásico, tradicional.

¿Por qué te decimos todo este choro evangelizador, bebé?

Simplemente porque, ahora que ya estás amándote a ti mismo, ¡tendrás una confianza de dioses! Será inevitable que te veas más guapo y alegre. Esto se contagia y todxs querrán estar contigo, así que prueba estar con la gente que mejore tu vibra.

¡Es el momento de intentar cosas nuevas!

Eso sí, regla número uno:

experimenta con seres, cuerpos y relaciones que te hagan sentir mejor. Hazlo sin temor alguno, pero siempre cuidando tu propia integridad: explora hasta donde te sientas cómodo.

Te juramos que la experiencia te lo va a dar todo. Por ejemplo, te orientará al momento de saber...

¿CÓMO LIGAR?

Puede que al principio sientas miedo, inseguridad y que tus radares no estén perfectamente calibrados. Imagina que estuviste tres meses yendo al gimnasio, cuidando tu piel, eligiendo ropa sin descuento y por fin ha llegado el verano. Pues amarte a ti mismo es exactamente eso, pero multiplicado por diez, porque toda la energía que ahora tienes equivale al entrenamiento de la Mujer Maravilla con la espontaneidad de Thalía y el estilo de Lady Gaga (aunque esta combinación es muy rara).

Todo lo que eres vale y todo lo que eres es bello. Tú mismo reconoces la hermosura en otros seres, así que reconoce esa misma belleza en ti. Ahora: **¡SAL A PUTEAR!** O solo a divertirte con quien tú quieras para compartir ese precioso ser humano que eres.

Bueno, sí, sí, sí, mucho apapacho, pero vamos a entrar en materia, pues lo que quieres son secretos para tocar y que te toquen, amar y que te amen. Empecemos por decir que hay diferentes maneras de ligar.

LA MANERA TRADICIONAL

Tiene su parte fácil y su parte difícil.

Si ya hay un acercamiento previo con esa persona porque es tu compañerx, el pollero, el carnicero, tu primo es su amigo, tu amiga es su prima, etc., pues todo resulta sencillo.

Pero imagínate que vas a un bar o vas al antro, observas a la persona más increíble que han mirado tus ojitos y dices: **«¡Quiero! ¡Merezco! ¡Puedo! ¡Para llevar comiendo!».** Aquí ya se complica la cosa, pues no hay conocimiento previo entre ustedes.

Te acercas y le dices: **«Holi, me gusta tu carita»,** y tal vez resulte en una oportunidad de encamarte, pero también en un rotundo **«¿Pooor?»...** Bueno, no tanto, quizá solo quede en:

a. Estoy en una relación.

b. Solo vine a bailar con mis amikes.

c. Ya me iba, ¡bai!

Recuerda que, ante una respuesta negativa, debes respetar. No te enojes, no te sientas mal ni creas que ahí termina todo. Ya entenderás cuando te aborden y prefieras decir «Ahorita no, gracias».

Pero si siempre sí y ya estás en la situación, igual y solo se dan unos besos y un agarrón de cuerpos mientras perrean hasta el suelo. ¡Disfruta, hermana! Cualquiera que sea el escenario, irás aprendiendo cómo te gusta acercarte y que se te acerquen, cuándo debes mandar tu ubicación a tus contactos y cuándo poner el teléfono en modo avión.

Si de plano te das cuenta de que este método tradicional, por la razón que sea, no es lo tuyo, no te detengas, ¡que para eso existen las aplicaciones! El método actual nos resulta más sencillo a nosotras.

Básicamente hablamos de utilizar el internet para ligar.

No importa si conoces o no a las personas con las que interactúas en las redes sociales o apps de ligue; tú puedes crear vínculos muy profundos a través de las reacciones, de los mensajes y de los comentarios.
Esto resulta más cómodo para todxs.

Aquí radica uno de los motivos por los que es más fácil conocer gente mediante este método: al no sentirte en calzones y vulnerable frente a la otras persona, puedes bajar la guardia y tener mayor control de tus emociones y, por lo tanto, de tus palabras.

PEPE: YA NO TARTAMUDEAS POR ESTAR VIENDO SUS OJITOS HERMOSOS. *LAME LA PANTALLA*.

TEO: SÍ TE PONES NERVIOSO, PERO TIENES TIEMPO PARA RESPONDER CADA MENSAJE ESTRATÉGICAMENTE.

Cuando existe un plan o una estrategia, todo es más fácil, hasta hacer caer a esa personita que nunca cae.

Quizá piensas que el ligue virtual pierde ese encanto de que te suden las manos, de caerte cuando caminas y de los silencios incómodos porque no estabas preparada para que te dijeran que les gusta el furry (Google, amiga, Google). ¡Nada que ver! En realidad no te ahorras todas las reacciones químicas en el interior de tu cuerpo, esas que te provocan actos casi incontenibles.

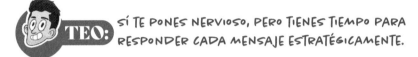

Cuando ligas, sin importar el método, tu cuerpo libera algunas sustancias:

$C_9H_{13}NO_3$ - **Adrenalina:** Ándale, es esa que te emociona, ya no razona, (coristas: ¡ya no razona!), no lo puedo controlar. ¡TE AMAMOS, SELENA!

C8H11NO2 - Dopamina: Se conoce en los barrios bajos de la ciencia como la «hormona de la felicidad». Cuando sientas que te hace falta, entra a nuestro canal.

C8H11NO3 Norepinefrina: Es una catecolamina con múltiples funciones fisiológicas y homeostáticas que puede actuar como hormona o neurotransmisor en el cerebro.

 **PEPE:** ¡EEELLA, LA CIENTÍFICA!

 **TEO:** AL FINAL, ESTE COCTEL DEL AMOR ES EL QUE LLENA TODA TU SANGRE, TU CUERPO, TU CEREBRO, Y TERMINA POR EMBRIAGAR TU CORAZÓN.

Como decíamos:

cuando ligas virtualmente, no es que te ahorres este proceso, sino que tienes tu tiempo y espacio para controlarlo. Así no terminas haciendo tonterías.

Ligar en vivo provoca reacciones en tu cuerpo que te hacen un poco tontx. En cambio, detrás de una pantalla, puedes usar la distancia del internet para controlar tus emociones y parecer menos nerviosx y sentir menos ansiedad.

Recomendación de tus tías:

Disfruta ligar de cualquier forma en la que te sientas cómodo, pero procura experimentar las dos y conocerte en ambos escenarios. La emoción es increíble y no debes negarte a sentir esto en tu vida.

Aquí te damos algunos tips que funcionan tanto para ligues de la vida real como virtuales.

Enseña lo que más te guste de ti
(física y espiritualmente)

Estamos hablando de ponerte en tu piel más cómoda, la versión que más te gusta de ti. Arréglate para tu foto de perfil, pero siempre con honestidad. No vayas a usar pupilentes grises ni a decir que tienes terrenos en Dinamarca, no abuses de FACETUNE. No hay nada más sexy que una persona segura de lo que es, pero nadie te prohíbe mostrar tus partes favoritas (ya hablaremos del sexting, hermana, todo a su tiempo) y lo que más te gusta de tu persona.

Si quieres coger, debes verte sabrosx

Si tu intención es ir directamente a practicar el dulce amor, puedes poner una foto de perfil donde te veas un poco más coqueta, sensual y aventurera. ¿Más o menos ropa? Eso tú lo decides.

Muestra interés por la conversación de la otra persona

Ya sea por internet o en la vida real, mantente atento a lo que dice tu prospecto. Eso puede ser la clave para lo que quieras: besos, caricias, compañía o cualquier interacción física con otro ser.

Lo que realmente importa es que tú sepas qué es lo que quieres… Y lo que quieres es sentir rico en tu parte.

RECUERDA QUE EL SEXO SIEMPRE DEBE SER CONSENSUADO:

¡NO ES NO!

¿Y qué pasa si te intentan ligar a ti?

¡AY, PUES DÉJATE, AMIGA, NO SEAS PAYASA! PORQUE LA QUE ES PAYASA, CAE GORDA.

ESTÁS SOLA, PERO QUIERES CAER DE VEZ EN CUANDO EN LAS MIELES DEL AMOR.

Porque ya no es el siglo XVII y no nos empecinamos en llegar vírgenes al matrimonio y todo ese proceso tan anticuado. Aunque si es lo que quieres: **bendiciones, amiga.**

Claro que se vale. Todavía hay gente que quiere esa historia maravillosa que comienza en un baile casual y termina en una hermosa boda. Peeero seamos honestos y aceptemos que los tiempos ya cambiaron. Y los procesos de ligue son muuuy diferentes. Así que si te abordan con rosas, muy bien, pero si te abordan con rozones (consensuados), pues también está bien.

Bienvenidxs a 1630

TEO: SEÑORITO, ¿SERÍA USTED TAN AMABLE DE AGRACIARME BAILANDO CONMIGO ESTA HERMOSA PIEZA?

PEPE: ¡AY, SÍ!… LO HARÍA, PERO ACUÉRDESE DE QUE EN ESTA ÉPOCA NO PODEMOS ANDAR DE JOTOS, JI, JI, JI, JI .

Bienvenidxs al 2020

¿HACEMOS LA FECHORÍA?

¡MÁNDAME UBER!

Prepárate para dejarte querer y salir a divertirte **¡PORQUE VIDA HAY UNA!**

Debes estar listo para que alguien, ya sea en las redes sociales o en la vida real, te aborde. **¡Déjate seducir!**

BAJA LA GUARDIA UN POCO, ¡PERMITE QUE TE MIMEN!

Recuerda:

No estás buscando marido, ¡a ti te gusta estar sola! Y no quieres que alguien te ate (o sí, pero no de ese modo, vieja cochina). Más bien no quieres un compromiso emocional con una persona. Y es más: aunque sí estés buscando el príncipe arcoíris de tu vida, pues nunca lo vas a encontrar teniendo la guardia arriba.

61

Bajar la guardia quiere decir que te aprietes menos tu calzón, mamona, pero también que seas una persona más realista y abierta. Es decir, adiós a tus ilusiones y anhelos: que si este es artista conceptual, que si este tiene empresas, que si este es extranjero... Recuerda que lo único que nos importa es si la tiene grande... ji, ji, ji.

PEPE: NO ES CIERTO. SÍ ES CIERTO. VEMOS...

Pero mientras averiguas todo eso, déjate consentir... Total: **si no te gusta, no pasa nada.**

Además, con unos tragos todo puede fluir mejor. No estamos alentando al alcoholismo, pero sí decimos que funciona.

TEO: SOLO PROCURA NO PASARTE DE TRAGOS.

Al final, este tipo de acercamientos te irá preparando para saber qué tanto quieres seguir con la persona con la que sales. Es decir, con esto podrás decirles a los encimosos que necesitas espacio y a los que brillan por su ausencia que te gusta comunicarte más.

Única regla para ganar en este juego del ligue intenso: no rechaces nada que se te antoje. Prueba todos los platillos del bufet y así sabrás qué no te gusta, qué podrías comer diario y cuál es tu postre más culposo. El menú es amplio y traes antojo.

MENÚ
(O tipos de ligue)

Permanece alerta y recuerda llevar este hermoso libro a todas partes, porque necesitarás identificar a todos estos seres que intentarán comerte. Cuando estás en el menú, tú también eres un delicioso platillo.

EL DISCRETO

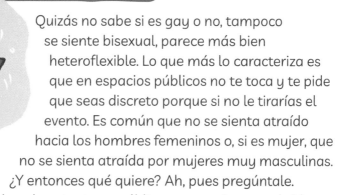

Quizás no sabe si es gay o no, tampoco se siente bisexual, parece más bien heteroflexible. Lo que más lo caracteriza es que en espacios públicos no te toca y te pide que seas discreto porque si no le tirarías el evento. Es común que no se sienta atraído hacia los hombres femeninos o, si es mujer, que no se sienta atraída por mujeres muy masculinas. ¿Y entonces qué quiere? Ah, pues pregúntale. Normalmente cuidan el contacto en público porque viven en el clóset y ser abiertos derrumbaría su pantalla: si los ven juntos, la gente podría asumir que es gay «y no lo es» (vemos). Obvio le gustas, le encantas, pero es discreto porque necesita mantener las apariencias. Si tú no tienes problemas y puedes soportar todas sus crisis, pues adelante: prepárate para volver al clóset. Lo que sí es probable es que tenga otra relación, ya sea con otro hombre, con una mujer o con quien sea, así que ponte trucha, amiga.

Tip para identificarlo:

Suelen hacer citas en lugares apartados, en esquinas oscuras y no te miran fácilmente a los ojos.

EL PLATICÓN

Se la pasa hablando y hablando para evitar o posponer las relaciones sexuales. Así que te vas a tener que aguantar tooooooo ooooooooooooooooooooooooo oooooooooooodo su choro para llegar a lo que quieres: COGER. Si la plática es interesante, tampoco aceleres las cosas; pasa un rato agradable y finge que no te mueres por callarle la boca a besos.

Los temas serán variados, así que prepárate: desde el clima, pasando por el drama del momento y su trabajo, hasta los resultados deportivos, las series de Netflix, etc. Que sea un platicón compulsivo no quiere decir que no te desee: puede que hable y hable por nervios o, simplemente, porque así es.

Tip para identificarlo:
Si lo miras fijamente a los ojos y no para; tomas su mano, la acaricias y no para; lo agarras a besos, lames su cuello, te sientas accidentalmente en su cara y sigue balbuceando, mejor dile que lo llamas para platicar y busca amor en horizontes más silenciosos y directos.

EL EGOCÉNTRICO

¡Cuidado! Este personaje tampoco va a dejar de hablar, PERO DE ÉL MISMO: de sus éxitos, logros, metas y demás cuestiones. Y no importa lo que tú quieras aportar a la conversación: ya lo sabe, ya lo hizo, ya lo vivió, y mejor que tú. Tal vez sea magnífico para la cogedera, pero es muy probable que, como en el resto de los asuntos, él sea el centro de atención. Piensa si quieres darte al príncipe del ego solo para alimentar tu propio ego. Eso sí: tú decides, nadie más.

Tip para identificarlo:
Fuerte presencia física (no confundir con tamaño); cada vez que pasa por un espejo se sabrosea solito; si van a cenar, quiere pedir por ti (no está mal que te recomienden algo, pero cómete lo que se antoje); en las fotos se echa hacia adelante y quiere repetirla hasta salir «perfecto». Este tipo solo te atiende para satisfacerse a sí mismo en todo sentido; los demás le valen. Jamás o pocas, muy pocas veces le va a interesar tu satisfacción.

EL MENTIROSO

¡Cuidado, estos también abundan! Comenzando la plática, quizá solo basten dos o tres comentarios para darte cuenta de todas sus mentiras o de cómo exagera las cosas para tener tu aprobación. Todo esto lo hace porque cree que la mejor manera de ligar es apantallándote. Y está muy bien admirar a alguien, pero te vas a decepcionar cuando empiece a inventar pretextos para no llevarte a pasear en su yate por Islas Canarias.

Así que si te presume un Lamborghini que no te puede enseñar porque está en el taller… tú dile que sí. Total, solo lo quieres para un rato y si resulta que lo tiene, pues tómate unas *selfies* en su coche. Que no te afecten sus mentiras si tú solo lo quieres para un encuentro casual. Pero ten cuidado si buscas algo más con él.

Tip para identificarlo:
Hazle una pregunta de la que ya sepas la respuesta, sobre alguna noticia o tema que manejes bien. Observa cómo miente y cae. «Qué feo lo de la muerte de Chabelo, ¿no?». ¡Mentira, sucia mentira! ¡Chabelo es inmortal, pendeja!

Y si tú eres quien miente, recuerda que no necesitas hacerlo para gustarle a alguien y que siempre te pueden aplicar la misma. Si no sabe no invente, señora.

EL CALLADO

Así va a estar. Nunca habla para nada.

EL ABIERTO

(En su relación y en otras cosas, quizá). En algún momento de tu vida te vas a topar con esa persona que ya tiene una relación y que abiertamente puede tener otros encuentros con cualquier ser. Esto te convertirá en el juguete sexual de él o de la pareja. ¡Disfrútalo, hermana! Claro, si es que te interesa vivir esta experiencia.

Para más información, busca **#NiTanSola** y revisa los tipos de relaciones. Besos.

Tip para identificarlo:
Una persona en una relación abierta suele ser directa y clara. Si observas que coloca su celular boca abajo sobre la mesa, esconde la pantalla cuando escribe y se aleja para hablar por teléfono: ¡ALERTA!

EL SUGAR DADDY

Seguramente ha llegado ofreciéndote tragos gratis; y si no, créenos que se los vas a poder sacar (y también los tragos). Este tipo de ligue es casi una transacción CONSENSUADA y así funciona muy bien. Él sabe que brinda dinero y tú le brindas compañía. Haz que te dé varios regalitos o cenas caras... Joyas, abrigos sintéticos, Balenciagas, mansiones, maquillaje, viajes, ¡TODO!

Asimismo, puede que este ser tan benevolente tenga otras víctimas a quienes les esté comprando más cosas. Solo asegúrate de ser la principal. No es cierto, sí es cierto: ¡ábranse, perras!

Tip para identificarlo:
A mí me gustan mayores, de esos que llaman señores, de los que te abren la puerta y te mandan flores.

EL BISEXUAL

De inicio no sabes si es hetero o gay (así que eso ya prende). Sin embargo, ya que empezaron los tragos, los coqueteos y la plática, te deja muy claro que es bisexual para que tengas en cuenta que él agarra parejo. Así ya no hay broncas posteriores de sorpresas, escenitas o reclamos.

Tip para identificarlo:
Parece que tiene su propio centro de gravedad y todas nosotras, lunas de amor, gravitamos a su alrededor. Suele coquetear con todxs y ser audaz en la cama, pero tierno, pero salvaje, pero dulce. Ayñ.

EL URGIDO
(de amor)

Seguimos en el *mood* de solo encontrar a alguien para un encuentro casual (o varios, pero sin compromiso de pareja), así que no te le acerques a este.

Al calor de la charla de la primera cita te deja pistas: él busca algo duradero. Finalmente, después de un par de salidas, pregunta hacia dónde va la relación, mientras imagina cómo serían sus hijos.

Insistimos en que, si tú buscas un encuentro casual, no va a funcionar. Pero si ves que vale la pena para algo más, entonces, ya sabes, busca **#NiTanSola** y disfrútenlo en pareja. ¡Y sean muy felices!

Tip para identificarlo:
Nada más ve el brillo en su mirada, la inocencia de sus palabras… y el vestido de novia que casualmente trae siempre en la cajuela.

EL DISCRIMINATOR

Este es machista, sexista y hasta racista y gordofóbico, ya que solo busca personas acuerpadas, que estén en forma, que sepan de arte, de negocios o de cualquier tema en el que se crea superior al resto de los mortales. Básicamente es Catalina Creel pero sin saber actuar, ¡vieja engreída! Su perfil es gente blanca, con barba, de apellido raro, y desprecia los rasgos autóctonos. También suele buscar gente discreta.

Tip para identificarlo:
Mira sobre el hombro, desprecia el servicio en cualquier lugar y babea frente a un simple whitexican con coche caro. ¡Qué hueva, hermana!

EL CALIENTAHUEVOS

Este perfil es más fácil de identificar: están por todos lados. Son esas personas que te prometen y te prometen, pero nunca te cumplen (podrían ser políticos en campaña sexual). Manda mensajes para armar la cogedera, pero a la mera hora no contesta o pone mil pretextos. Y de repente, después de meses de ausencia, te vuelve a mandar un mensaje diciéndote que te ves muy guapo o te manda una foto suya. Casual. Lo triste de todo esto es que no podemos evitar emocionarnos, pero aquí viene la cachetada iluminadora: amiga, sinceramente no va a pasar nada. Te volverá a dejar con las ganas arriba.

Tip para identificarlo:
Te deja en visto, cancela los encuentros e inventa pretextos. No hay manera de prevenirlo, hermana, así que en cuanto sientas que está sucediendo, date la media vuelta y vete.

¿Nos faltó algún perfil?

En esta jungla del sexo y el encuentro casual siempre habrá mucha más fauna de la que pensamos, así que compártenos tus experiencias utilizando el hashtag #TiposDeLigue y dinos cuáles otros existen en este juego de la vida plena y sexual.

Y si todavía no te han ligado y francamente no tienes tantas ganas de salir a ligar, no tengas miedo a estar sola.

TEMOR A ESTAR SOLA

Como ya vimos, hay que perderle el miedo a la soledad. No hay nada de malo. Hay muchas personas que están solas porque quieren, porque pueden, porque les gusta pasarla bien sin mirar con quién.

Pero ¿qué pasa cuando la soledad es resultado de miedos, malas experiencias y resignación?

¡No se vale!

Pero pasa, así que es importante reconocer cuál es nuestro temor, qué lo ocasiona y cómo podemos vencerlo juntas. Veamos nuestros miedos más recurrentes:

PEPE: ESTE ES EL MÁS COMÚN, PERO TRANQUILA, HERMANA, LO QUE VA A PASAR VA A PASAR.

Temor a que te rompan el corazón

Recuerda que lo desarrollamos por nuestro consumo cultural: *chick flicks*, *dick flicks*, novelas románticas, películas de princesas, discos de la D'Alessio y todo eso que nos encanta y que nos ha educado sentimentalmente. La industria cultural suele equiparar la ruptura del corazón con la palabra FRACASO.

Si entablas una relación con alguien y en algún momento terminan por el motivo que sea, todxs comienzan a señalarte, ¿no? Quedas con una mancha social que se suma a todo lo feo que estás sintiendo por la ruptura.

Te sientes mal dentro (por tus emociones) y fuera (por los juicios de otros). Pero no te preocupes: más adelante trataremos el tema de la ruptura y te vamos a apapachar, solo resiste un poco y no le llames al rufián.

No puedes limitar tu EXPERIENCIA de EXPLORACIÓN solo por este temor. Piensa en cuántas parejas que eran lo más increíble decidieron terminar. Obviamente hubo un duelo (que también veremos más adelante), pero siguen con sus vidas y, si lo deciden y están listxs, encuentran otras parejas.

 **PEPE:** BRANGELINA Y TAYLOR SWIFT Y TODOS SUS EXNOVIOS.

 **TEO:** LEAVE TAYLOR ALONE! AUNQUE GRACIAS A ESAS RUPTURAS, EXISTEN LAS JOYAS DE DISCOS QUE DISFRUTAMOS HOY.

 Es inevitable la posibilidad de que todo termine, pero no por ello vas a privarte de vivir nuevas relaciones y conocer personas increíbles. Lamentamos decírtelo, pero debemos ser honestas: en la vida siempre nos rompen el corazón por lo menos alguna vez. Llora con nosotras, bebé, lloremos juntas.

Hazte a la idea de que todo inicio tiene un final; por ello lo importante no es el destino, sino el camino hacia él. Lo valioso de vivir estos amoríos es que te van a dotar de aprendizajes y crecimientos en tu camino por la soltería.

¡Cada ligue es una oportunidad de aprendizaje invaluable!

TEO: POR ESO JAMÁS DEBES DEJAR DE CREER EN EL JUEGO DEL AMOR.

PEPE: Y SI ESTÁS SOLA POR CONVICCIÓN: ¡ESO, MAMONA!

Temor al éxito
(autosabotaje)

Esto es común cuando no sabes lo que quieres. Estás en una relación y tú mismx terminas arruinando todo. Si estás en una relación, ¿qué haces aquí, oye? esto es para solterxs. Nacierta, quédate a leernos, pero después busca *#NiTanSola.*

Lo que sí es trascendental...

No te empujes a una relación con el primero que se atraviese en tu camino solo porque te aterra estar sola.

A veces queremos sentirnos queridos: que nos traten bonito, que nos digan cosas lindas, que nos laman el cuerpo de pies a cabeza y que nos vean como la persona más importante del universo. Pero la prisa puede hacernos caer en relaciones incómodas y contrarias a lo que buscamos.

Otras veces sentimos la presión de los demás o pensamos que somos lxs únicxs solteronxs listxs para morir con sus gatos y plantas. Lo más significativo eres tú y no tienes que dejar que ningún estigma social, religioso, ideológico o de cualquier tipo te lleve a una relación en la que no quieres estar.

Comenzar una relación solo porque sí hará que todo se venga abajo. Tú mismx podrías dinamitar un noviazgo porque crees que no lo mereces. Además, si te quedas en esa relación sabiendo que no es lo mejor, tu pareja y tú entrarán en el horrible estado de una relación TÓXICA.

De ello hablaremos más adelante. Por el momento, deja los temores en la década pasada. Es más, déjalos en el siglo pasado. Siempre te la vas a pasar increíble contigo misma.

¡Ganando como siempre!

Capítulo

3

Soltería no es igual a soledad

¡Esta es la felicidad que buscabas!

Ya te amas tanto que en esta etapa de tu vida eres dueña de ti, de tu tiempo y de tus orgasmos.

ENTORNOS ESTANDO SOLA

También eres la única propietaria de tus
ingresos, de tus egresos, de tus series, de
tus películas, de tus espacios, ¡de todo!
¡Aprovecha esta fase de tu vida!

Como ya te amas cabrón y no tienes ninguna distracción en
forma de hombre, ahora sí puedes pasar ratos con tus amikes,
familia, compañerxs del trabajo, plantas, mascotas...
Si tienes un gato porque crees que va acorde con
tu look de #SoySola, pues adelante (solo cuida
que no sean más de diez, a menos que
tengas un albergue o ayudes animalitos).
En cualquier caso, **¡tú eliges qué hacer
con tu tiempo!** Ir a ver una película,
un concierto, un musical o una obra
de teatro, hacer ejercicio, ¡lo que sea!

Tienes todo
el tiempo
para ti

Tú, la diosa de tu templo, puedes hacer lo que quieras, siempre y cuando no dañes a los demás ni termines en los separos con las medias rotas, las ilusiones resquebrajadas y una bola de chacales rodeándote como buitres.

Mejor haz obras buenas, únete a una fundación, ayuda a los demás y reparte tu luz por donde pases. Porque tú eliges cómo pasas tu tiempo, es decir, cómo vives tu vida. Y como la vida no es otra cosa que tiempo, recuerda que quien juega con tu tiempo juega con tu vida.
¡Ay, mírala, la filósofa!

Decide dónde, cuándo y con quiénes estar.

CON TUS AMIKES

Sin embargo, el círculo social de los amigos también puede llegar con escenarios, acciones y hasta comentarios un poco incómodos para ti:

«AY, ESTARÍA BIEN PADRE QUE NUESTROS HIJOS TUVIERAN LA MISMA EDAD».

«OYE, PERDÓN POR NO INVITARTE A MI BABY SHOWER, ES QUE NO ERES MAMÁ».

«A TODOS LES PUSE UN +1 PARA MI BODA, AMIGA, PERO A TI UNO SOLO PORQUE PUES... SOLA».

Independientemente de cómo te miren, de lo que piensen y de lo que digan...

 **TEO:** ¡TÚ DE UNA PIEZA, ERGUIDA, DE PIE COMO UN ÁRBOL!

 **PEPE:** Y QUE LAS DUDAS SE QUEDEN EN LAS CABECITAS DE QUIENES HACEN PREGUNTAS INCÓMODAS.

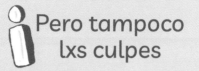 Pero tampoco lxs culpes

Estas situaciones son comunes porque estamos educados bajo preceptos sociales que nos hacen pensar que el éxito personal está afuera de nosotros: en la pareja, la casa y la camioneta. **Cero presiones contigo, porque tú, como nosotros, sabes qué es lo que realmente importa.**

Eso sí: vete preparando, porque en algún momento vas a querer invitar a tu ligue a una comida con otros seres vivos y no solo a comerse entre ustedes. No tengas miedo de asistir a un compromiso social con alguien.

Tip de tus hermanas:

Si sales con alguien —nada formal—, pero sientes que las cosas van caminando muy bien y comienzas a pensar en dar el paso a una relación de pareja… antes de que busques *#NiTanSola*, atascada, dile de algún plan que tengas con otras personas y que creas que puede ser una ocasión para pasarla bien. Esa será una oportunidad para saber si funcionan como pareja o prefieren mantenerse en el puro encerrón. Recuerda que ambas opciones están bien y no tienes que forzar nada.

Y que llega el día de la boda de una de tus hermanas y no tienes con quien ir…

PUES VE SOLA Y TE LA VAS A PASAR SÚPER DIVER.

¿Por qué?

Porque si vas sola a esa boda o a cualquier evento social que involucre traguitos, baile y carcajadas, tienes la oportunidad de ligar ahí mismo y puedes hacer nuevxs amigxs todo el tiempo.

El hecho de conseguir nuevas amistades se traduce en más oportunidades, ¿de qué? ¡Sí, de hacer la fechoría! O bueno, solo de conocer gente interesante con quien compartir alguna que otra salidita, comidita o platicadita.

CON LA FAMILIA

De nuevo tienes tiempo para retomar y compartir más actividades con tus familiares sin la necesidad de sumar un extra, es decir, no habrá ese incómodo momento de presentar a tu pareja y rezar para que todxs se caigan bien. Vas tú sola como miembro de la familia y no cuidas posturas ni nada porque ya conocen lo mañosa que eres.

¡Sin embargo! Llegamos a la pregunta obligada que, aunque ya es hasta cliché, es tristemente real:

Tía incómoda y chismosa:

OYE, ¿Y TÚ A QUIÉN VAS A LLEVAR A LA BODA?

Tú, todo hermoso e inocente:

¡QUE LE VALGA VERGA, TÍA!

Y todavía más feo, te dice:

AY, TRAJISTE A UNA AMIGUITA, YO PENSÉ QUE IBAS A TRAER A TU NOVIO.

¡O te reabre la herida!:

¿PERO QUÉ PASÓ CON JUAN JULIÁN?

Y tú estás entera, pero los demás «están preocupados» porque no andas con alguien. Además, tampoco puedes llevar a tu *fuck buddy* porque es una celebración seria y un *fuck buddy* solo es para coger.

Solo recuerda que, lleves o no a alguien, estás íntegra, porque a estos eventos vas a divertirte con tus familiares. **Y algunos de ellos tienen envida de que ejerzas tu libertad cogiendo con el *bartender* el día de la boda.**

ESTO NOS LLEVA A OTRO

GRAN BENEFICIO

Así como mencionábamos que los eventos sociales serán +1, por ese mismo motivo puedes decir **NO** a muchas invitaciones que a veces ni te gustan. Si no quieres asistir, ya tienes el pretexto perfecto:

AY, FÍJATE QUE ME MUERO DE GANAS, PERO ES QUE NO TENGO CON QUIEN IR, SORRY.

Esto te resultará cómodo para esas citas de las que quieres huir. La desventaja es que luego ya no te van a invitar a estos eventos y —aunque no quieras ir— vas a sentir feo. Tú sigue inalterable. Y si algún día quieres ir, solo diles que te inviten de nuevo. Son tus amigos, no pasa nada.

EN EL TRABAJO

¡A nadie le vas a tener que dar tu quincena!

Bueno, al del gas, a los de la luz, al del *guaifai*, al del cable, al del teléfono, etc. Pero fuera de ellos, dispondrás de todo tu dinero para consentirte a ti mismo.

PEPE: ¡TU QUINCENA ES TUYA, COMADRE!

¡Y te ahorras un dineral en los regalos de esas fechas de pareja!

Ahorras una fortuna: bien, pero, por otra parte, no recibirás todos esos regalitos que normalmente las parejas se dan para mantenerse juntas, ji, ji, ji, ji.

TEO: ESE PROBLEMA LO SOLUCIONAS AMARRÁNDOTE UN SUGAR DADDY.

Al final, lo importante es que con el sudor de tu cuerpo estás ganando DINERO que nadie más te va a quitar. **¡ERES MILLONARIA, HERMANA!**

PEPE: PUEDES SER LA PRÓXIMA KARDASHIAN Y HACER TU PROPIO NEGOCIO.

¡EMPODERAMIENTO ECONÓMICO YA!

No tienes que rendirle cuentas a nadie más. Tus ganancias serán solo para ti. Tampoco hay competencia económica y nadie lucha por ver quién gana más.

LA «DESVENTAJA» ES QUE NO TIENES CON QUIEN COMPARTIR TUS RIQUEZAS O GASTOS.

Pero busca opciones en ambos sentidos: apóyate en familiares y amigxs para los momentos económicos difíciles y, de la misma forma, comparte con ellxs tus riquezas. Quizá llegues a invertir los papeles convirtiéndote en un *sugar daddy* o una *sugar mommy* para consentir a quien quieras. Es tu dinero, fruto de tu trabajo. Y hablando del trabajo propiamente: puedes disponer de tu tiempo laboral como quieras, cambiar los días productivos, extender tus tareas, trabajar más horas...

TEO: SOLO CHECA QUE NO SEA EXPLOTACIÓN LABORAL, ¿VALE?

PEPE: ¡QUE TE PAGUEN LAS HORAS EXTRAS, COMADRE! ¡CHECA BIEN TUS DERECHOS LABORALES!

En caso de que no tengas ninguno de estos problemas, haz lo que quieras con tu vida profesional. Eres feliz porque estás generando tu propio sustento y estás enfocado en eso.

O quizá no estás haciendo tanto dinero en este momento, pero estás creciendo profesional, artística y humanamente.

OJO:

No seas un *workaholic* (adicto al trabajo) que solo quiere estar laborando para otra vez olvidarse de sí mismo y escapar diariamente del disfrute de la soledad. **¡Nada de retrocesos!**

¡Tienes tiempo para realizar lo que en verdad te apasiona! Además, el éxito laboral abre muchos caminos. En una de esas te mudas a Nueva York y te conviertes en la próxima Miranda Presley (solo recuerda tratar bien a tus asistentes). PUEDES MUDARTE Y PREPARARTE PARA UN MUNDO DE NUEVAS EXPERIENCIAS SOLO PORQUE TE LO MERECES.

¡Haz lo que amas!

TEO: Y SIEMPRE QUE PUEDAS, SIGUE AYUDANDO A OTRAS PERSONAS EN ESTE CAMINO PROFESIONAL.

PEPE: COMPARTE SABIDURÍA, CONSEJOS, ESPACIOS, PUNTOS DE VISTA, LO QUE PUEDAS.

¡Apoya el comercio local de tus hermanas!

Así vas a conocer a muchísimas personas increíbles, oportunidades de enamorarte, encamarte, y olvidarás más rápido los tragos amargos de la vida, como las rupturas amorosas por...

¡Infidelidad!

Es cuando tu chacal anda cogiendo con alguien(es) más y rompe el vínculo romántico o sexual establecido contigo. Es decir, destroza el contrato de exclusividad. ¡Zaz, culera!

Bueno, si una infidelidad es el motivo por el que estás sola, es momento de trabajarlo. **Ya estás leyendo esta parte del libro. ¡Ya estás en excelentes manos!**

Debes entender que no pasa nada. Muchas personas han vivido esta clase de experiencias y es más normal de lo que te imaginas. Aun así entendemos que te quieras dar tu tiempo para no confiar en la gente ni en el amor, se vale, pero pronto dale *refresh* a tu vida.

Tampoco vas a pasar años llore que llore. Trabaja de nuevo en tu amor propio y volverás a confiar en lxs otrxs. Verás que ni toda la gente ni todas las relaciones son iguales. Pero insistimos: **trabaja de nuevo en ti**. Nada de creerte las frases de:

¡TODOS LOS HOMBRES SON IGUALES!

¡TODO EL MUNDO QUIERE LASTIMARME!

¡TODAS LAS MUJERES ME VAN ENGAÑAR!

Si piensas así, vuelve a conocerte, a conocer nuevas personas, y aborda este tema con algún especialista del amor… **y si lo crees necesario, ve a terapia, recuerda que no hay nada malo en ello.**

Lo más importante para superar una infidelidad es que no te claves tanto en la persona que te puso los cuernos. Duele mucho y debes vivir ese periodo de duelo, no permitas que nadie minimice tus emociones, pero algún día (esperamos que pronto) estarás listo para volver a confiar en los demás. Para que ese momento llegue, debes trabajar mucho y entender que así es la vida: las cosas no son buenas ni malas, solo suceden. Tú no eres «la causa» de esa infidelidad. Estás mejor solo, amándote a ti mismo.

Pepe&Teolevisa Networks
presentan:

La otra

PROTAGONIZADA POR: ¡TI!

Ten cuidado, hermana, porque entonces tú estás actuando contra una pareja. Quizá no tengas inconveniente con la situación: eres soltera, sientes que no es responsabilidad tuya porque estás sola, cantando libre por los cafetales, bañándote desnuda en un prístino lago escondido, y de repente el guapo hacendado te conquista, te dice que te desea, que no le importa nada más porque te quiere a ti; pero ¡oh, sorpresa!, ese hacendado ya tiene dueña.

¡JUAN MANUEL YA ESTÁ COMPROMETIDO!

▶ (Música dramática)

Y con compromiso no nos referimos al matrimonio, sino a la acción de envolverse unx con otrx (o unxs con otrxs) en una relación de exclusividad. Si no lo sabes, no pasa nada. No te preocupes: tú no tuviste la culpa, solo aléjate y no seas la villana de la novela. Pero si ya sabes que tu pretendiente tiene pareja y te gusta el papel de **LA OTRA**…

 **TEO:** PUES QUÉ CULERA ERES.

 **PEPE:** ¡SORORIDAD*, HERMANA!

Peeeeero si en serio estás muy enamoradx y quieres tener una relación con la otra persona, entonces adelante. Solo asume consecuencias y responsabilidades, enfrenta esa batalla como debe ser.

T PÍDELE QUE TERMINE SU OTRA RELACIÓN.

TEO

P ¡AH! ¡QUÉ PERRA, HERMANA!

T ¡POR SUPUESTO! ASÍ ES COMO SE HACEN ESAS COSAS: BIEN.

P SÍ, PERO DESDE ANTES PODRÍAS NO ENAMORARTE DE LA PERSONA QUE YA ESTÁ EMPIERNADA CON ALGUIEN MÁS.

T SÍ, PERO ES QUE EN EL CORAZÓN NO SE MANDA.

P A VER, IMAGÍNATE QUE ALGUIEN SE ENAMORE DE TU PAREJA...

T PUES YA SERÁ SU DECISIÓN.

PEPE

PEPE: TAMBIÉN ES LA DECISIÓN DE QUIEN SE ENAMORÓ DE TU PAREJA, Y POR ESO LE ESTAMOS DICIENDO QUE NO VENGA A METERSE CON TU NOVIO O CON EL DE NUESTRAS AMIGAS LECTORAS.

TEO: PERO ES COMO TÚ DICES: NI MI NOVIO ES MÍO, NI TU NOVIO ES TUYO NI EL DE NUESTRAS AMIGAS LECTORAS ES SUYO. PORQUE CADA QUIEN ES UN SER LIBRE.

PEPE: OHHHHHHHHH! SHE'S GROWN, BITCHES! SHE'S GROWN!

TEO:

YES, I HAVE GROWN!

*Sororidad: Enlace entre hermanas heterosexuales, homosexuales y trans que se apoyan las unas a las otras para empoderarse, cuidarse entre ellas y crecer juntas para cachetear al patriarcado. Definición de la Real Academia de La Lengua Gay de Pepe&Teo.

Porque se puede dar una historia de amor con alguien que ya está con alguien más. Así es la vida, bebés. Sí se puede, siempre y cuando sean honestos.

Es decir: si te metes en esa relación y te das cuenta de que no es lo tuyo, aléjate para no causar daños.

Pero si ya están involucrando emociones, tienen que empezar a actuar pronto de una manera adecuada. Pongan las cartas sobre la mesa, háblenlo y actúen en consecuencia sobre los acuerdos a los que lleguen para no dañar a terceras personas con mentiras ni engaños.

No seas la secretaria que espera 20 años para que el jefe deje a su esposa. Si tanto te dice «Ya, ya la voy a dejar», pero nada… pues no lo va a hacer y tú estarás nada más ahí pendejeándole, mientras lastiman a otra persona y te haces daño a ti misma.

Lastimar física, psicológica o sentimentalmente a otras personas no tiene nada de bonito y nunca tiene que ser parte de tu personalidad.

Además, en las situaciones de infidelidad siempre brotan heridas que lastiman a lxs involucradxs de alguna manera.

¡PONLE UN ULTIMÁTUM A TU PAREJA!

«Si realmente estás enamorado de mí y quieres una relación estable conmigo, lo que tienes que hacer es dejar de lastimar a tu pareja actual y tomar una decisión. Tienes dos semanas. ¡Dos!».

Plan A:

Se va contigo, ¡qué increíble! Lean el libro de pareja y sigan viviendo rodeadxs de amor.

Plan B:

No se va contigo. Tampoco te deprimas, en realidad el universo te está diciendo que no era para ti. Como dicen por ahí, en este mismo universo del amor, **¡hay más culos que estrellas!**

Ojo felino de hermana empoderada:

Tampoco seas la persona que por despecho va y le cuenta todo a la pareja de su ex. Ni por verlos terminar, ni por verlos sufrir, ni por consolarlo y recuperarlo, ni por joder ni por nada. Esto no te va a traer nada bueno aunque sea tu táctica para amarrarlo de vuelta; por el contrario, te va a odiar por haberle arruinado su relación actual.

95

PEPE: HUEVA SER LA VILLANA DE LOS OCHENTA.

Mejor no te metas en broncas. Ya sabes lo que dicen: si te casas con una persona que engaña a su pareja, **te estás casando con una persona que engaña a su pareja.**

Nosotros lo llamamos *el ciclo del patán.*

Por eso tienes que recordar ser *sorora* con tu hermana: porque ella va a sufrir y vivimos en la era de la hermandad, nadie le hace daño a nadie a propósito.

PEPE: SI SE NOS SUBIERON LAS COPAS, SE NOS SUBIERON LAS COPAS Y NO PASA DE AHÍ.

TEO: Y SI TE ENAMORASTE DE ALGUIEN COMPROMETIDO, PUES TE ENAMORASTE. NO TE CULPES.

Si el patán ese te mintió sobre su situación amorosa, allá él. En serio, tú no fallaste en nada. Solamente salte lo más pronto de esa mentira para no lastimar a nadie o aplica el ultimátum del que te hablamos y reproduce la siguiente canción:

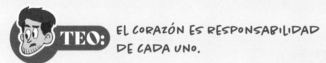

ÉL ME DIJO QUE ERA LIBRE,
COMO EL AIRE QUE ERA LIBRE.

Y si tienes oportunidad de alejarte antes de que te enamores más, pues mejor. Aunque coja rico, no importa. Recuerda que **ser un humano de una sola pieza implica no caer en las pasiones bajas**. Además, luego salen mal las cosas y alguien termina llorando.

TEO: EL CORAZÓN ES RESPONSABILIDAD DE CADA UNO.

PEPE: NUESTROS ACTOS TAMBIÉN NOS DEFINEN.

RELACIONES TÓXICAS

cuando #SoySola

Puedes tener encuentros casuales, novixs de una noche, parejas de una semana...

ONE NIGHT STANDS!* (¿SE SIGUE USANDO ESA FRASE?).

¡RECUERDA QUE TUS TÍAS YA CUMPLIMOS 30!

Pero ten cuidado de no ser tú la persona tóxica:
chantajista, manipuladora, codependiente, grosera, irrespetuosa o violenta. Procura no lastimar al otro.

Asimismo, identifica si tu ligue tiene algún índice de toxicidad. A los pocos minutos de la charla se nota, ya que todo debe ser claro y sencillo. Si ambos acordaron un encuentro casual, no debe haber dramas ni durante ni al final de la velada. **Mantente alerta de las señales.**

Si te empieza a hablar de secretos de familia, de cosas muy íntimas, traumáticas o comprometedoras de alguna forma incómoda, **BYE**. Tú sólo quieres coger, pero no a costa de millones de problemas. **HACES LA FECHORÍA Y NADA MÁS.**

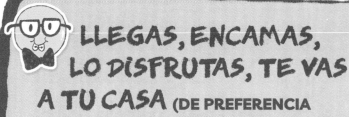

LLEGAS, ENCAMAS, LO DISFRUTAS, TE VAS A TU CASA (DE PREFERENCIA ANTES DE QUE AMANEZCA), PIDES TÚ MISMA EL UBER (PORQUE NIÑA BIEN) Y TE VAS.

Más adelante encontrarás algunas tácticas infalibles para realizar el dulce acto e irte como ninja a la comodidad de tu hogar. Y no creas que solo corres peligro soltera: como pareja hay un alto riesgo de incidir en la toxicidad amorosa. Ya sabes que en **#NiTanSola** hay más detalles sobre las relaciones tóxicas, las cuales **no te importan ahora mismo porque #SoySolaLibreDeProblemas.** Igual échales un vistazo, identifica bien los signos y, si sabes de un caso, ayuda.

¡#VeinteVeinte es nuestra era, hermana, la era de la empatía!

GLOSARIO PEPE&TEO

*One night stand:
Evento de una sola noche en la que dos cuerpos se fusionan para generar un incendio de pasión carnal. Coger con alguien a quien acabas de conocer y no tienes intenciones de volver a ver, pues.

Capítulo

4

Modern
sex

Nadie sabe cómo, pero llegamos a la segunda década, del segundo siglo, del segundo milenio en la historia de nuestra era.

¡Debemos sacarle el mayor provecho a nuestros tiempos!

EL SEXO EN TIEMPOS MODERNOS

Cada vez somos más progresistas. Esto es razón suficiente para celebrar la vida; sin embargo, hay más motivos, o mejor dicho: **¡hay muchos!**

Prospectos, partidos, amantes de una noche (lxs que quieras); todxs solteros, solteras o pillines dispuestxs a compartir la dicha de esta época de liberación sexual. Esos espíritus eróticos, como tú, saben que estos períodos modernos se caracterizan por la **INMEDIATEZ**. Todo es rapidísimo: la comunicación, la comida, las compras, el transporte, y el sexo no puede escapar de esta característica.

Tampoco es que ya pidas en UberEatMe y tu pedido llegue en cinco minutos para satisfacer tus apetitos más bajos.

 **TEOUBER:** ¿USTED PIDIÓ UN GÜERITO DE 1.80 CON PIE GRANDE Y OJOS AZULES?

 **PEPECLIENTE:** OIGA, NO, YO LO PEDÍ MORENO Y DE OJO VERDE. ADEMÁS, ESTE YA VIENE COMIDITO.

 **TEOUBER:** AY, SOLO LE DI UNA MORDIDITA.

Pero a diferencia de hace un par de décadas, **gracias a la tecnología y a la lucha de muchísimas personas que hemos abogado —y seguimos abogando— por una liberación sexual sana**, ahora es mucho más fácil y rápido conseguir, hasta sin querer queriendo, un *peor es nada* para satisfacer los deseos sexuales. ¡TOOODOS LOS QUE TENGAS, CUSCA!

Lo mejor de esta era de inmediatez, liberación sexual y memes...

¡ya lo estás viviendo!

Eso que solo les pasaba a las protagonistas empoderadas de las series o de las películas ahora es tu realidad: bendito, hermoso y delicioso...

SEXO CASUAL

Digamos que algunas veces estos encuentros no se dan estrictamente por la casualidad, el azar, los astros o el destino.

Quizás...

Vivan en la misma calle

Trabajen en el mismo edificio

Tomen el mismo camión

Frecuenten el mismo antro

Coinciden en el gym

Sin embargo, si solo se ven para hacer la fechoría, sigue contando como sexo casual.

En perspectiva, tienes estos dos escenarios:

1 lo ves **UNA SOLA VEZ** para tener sexo

0

2 lo frecuentas **ÚNICAMENTE PARA COGER** y se hace tu *fuck buddy* (amigo con beneficios o *cogiamigo*, según la generación a la que pertenezcas).

No importa si no conoces a su familia, si no son amigos ni se cuentan sus chismes: son un par de extraños que solo conocen del otro su cuarto y su cuerpo.

PEPE: NO ARRUINES EL MOMENTO, NO HAGAS PREGUNTAS INCÓMODAS SOBRE SU VIDA, DÉJATE IR. ¿TIENES CURIOSIDAD? OBSERVA.

TEO: MIENTRAS LO HACEN, VES QUE TIENE PLANOS, REGLAS, BOTAS, UN CASCO AMARILLO. ENTONCES YA SABES: ESTÁS COGIENDO CON BOB EL CONSTRUCTOR.

En el sexo casual las charlas nunca serán sobre temas personales, ya que no hay sentimientos de por medio. Estos se convierten en lazos afectivos y ya sabes lo que sigue: una relación. Tú no quieres eso y quizá tu pareja en turno tampoco. **Están en la soltería y solo quieren tener sexo rico.** Cualquier encuentro esporádico es lo que más se amolda a tu estilo de vida.

En un sentido muy puntual, eres **NSA** (No Strings Attached, **#SolaSinAtaduras** en inglés).

TEO: ERES COMO NATALIE PORTMAN O ASHTON KUTCHER EN LA PELÍCULA NO STRINGS ATTACHED. BUENO, SIN EL FINAL AMOROSO DE HUEVA.

PEPE: ENTONCES ERES COMO JUSTIN TIMBERLAKE O MILA KUNIS EN *FRIENDS WITH BENEFITS*, PERO TAMPOCO HASTA EL FINAL. ¡ASH! ¿VES CÓMO LAS COMEDIAS ROMÁNTICAS SÍ ARRUINAN TODO CON SUS FINALES DE PAREJAS?

Esta situación, en donde tú eres **SSA** (#SolaSinAtaduras) y tienes un *fuck buddy*, se puede extender durante un par de encuentros o durante años.

En la realidad no todo termina en una gran boda o en una tragedia.

Aunque así de inesperado como llega, se va.

Ahorita no quieres ninguna atadura, te amas mucho y no necesitas nada más que el sexo casual para complementar tu vida feliz de solterx.

Es momento de que todxs lo sepan.

Poner las siglas **NSA** en todos tus perfiles sirve para ahorrarte los teatritos que te incomodan al tener una pareja.

¡Evita escenitas!

Y si tú eres quien se metió con un NSA:

ENTIENDE, no tiene por qué cambiar. No te puedes ni te vas a quedar a dormir. No te va a pasar su WhatsApp ni perfiles de redes sociales más que las de ligue. Respeta sus decisiones y mejor disfruta el momento.

Si sigues queriendo sexo casual, pero no te cierras a una posibilidad de amor, se vale, pero **no busques amor con alguien NSA.**

Según nuestros estudios digitales de la última encuesta realizada por el Laboratorio Social Pepe&Teo, cuando tú quieres algo más que sexo casual es porque:

1 Coge rico y quieres desarrollar lazos afectivos, ya que resultó un partidazo y es tu pareja ideal. O sea, **por amor.**

2 Coge rico (si no, no importa), pero además vive en una casona de Polanco, tiene diez autos y viaja todos los fines de semana. O sea, **por interés.**

3 Coge como sea, pero quieres desarrollar lazos afectivos para aminorar tu sentimiento de culpa. O sea, **por *slut-shaming*.**

SLUT-SHAMING

Que no te dé miedo decir que quieres sexo sin compromiso. Abandona esos prejuicios religiosos, sociales o familiares del *qué van a pensar.*

¡NO ESTÁ MAL SER UNA PRONTA!

¡NO ESTÁ MAL SER INSACIABLE!

NO ESTÁ MAL TENER

SEXO

Si te cuidas con el método que quieras

Si mantienes al cien tu salud sexual

Si respetas el consenso con tu amante en turno

Entonces siéntete feliz de explotar tu potencial sexual. Deja que lxs envidiosxs hablen solxs.

El
slut-shaming

Es ese sentimiento de culpa
que llega después del sexo y que
debemos erradicar por completo.

Una vez más: fuimos criados dentro de un
sistema conservador que repite que estos actos
no están bien y sofoca con sentimientos de culpa:
«hacer la fechoría solo por placer es pecado,
disfrutar es pecado». Tú tranqui. No te dejes
castigar por el sistema social,
mejor que te «castigue» tu ligue.

Si quieres cachetadas desde el
principio, dale. Si solo quieres
el misionero tradicional, igual dale.
Regocíjate de tu decisión y no sientas
que estás dando tu tesorito muy pronto.
Esa es una idea muy anticuada.

Obviamente tú tampoco debes emitir estos juicios rancios hacia ninguna persona.

A Sepas lo que sepas, no está nada padre hablar a las espaldas de nadie y menos si esa gente solo está ejerciendo su derecho al placer sexual.

B No quieres ser esa tía o ese tío mocho y moralista que todos odian porque nada más anda criticando. El amor humano, aunque sea fugaz, también se manifiesta en un encuentro carnal.

 **TEO:** USTED DECIDE SI LE DAMOS UNA SILLA, SEÑORA.

Mientras todo sea consensuado, mientras no sea ilegal y mientras no atentes contra tu propia persona, amiga, haz las *50 sombras de Grey* en tu cuarto y que chinguen a su madre tus *roomies* (a menos que sean tus papás). Si las demás personas no viven su vida sexual plena, tú grita todos los orgasmos que ellas ahogan.

¡Ah! ¡Aaaah! ¡Ay! ¡Ahí! ¡Aaaaa...
Aaaaaahora estás lista para conquistar
las redes sociales y las apps de ligue!

LIGUE EN REDES SOCIALES Y APPS

Hablamos de todo tipo de redes sociales como las que ya conoces: Facebook, Twitter, WhatsApp, Instagram, Snapchat, TikTok.

 **PEPE:** TAMBIÉN CUENTA MESSENGER, MYSPACE, HI5 Y LOS SMS.

Si tienes una de estas redes, estamos seguros de que ya has estado chismoseando los perfiles de otras personas.

 **TEO:** AY, LAS TÍAS.

Está bien: quieres conocer gente nueva, utiliza todas las herramientas que tienes a la mano.

Sabemos que le dimos todos nuestros datos al abusón del Mark Zuckerberg; saquémosle provecho, por ejemplo, con Facebook Parejas o con la funcionalidad que te sugiere personas con gustos en común.

 AY, GRACIAS, MARKITOS.

Este ya es un gran primer paso para conocer diferentes personas más o menos afines a ti.

 ESO SÍ, PRIMERO HAY QUE ARREGLAR TU PERFIL PARA QUE SEA EL REFLEJO DE LA CHINGONA QUE YA ERES.

113

wikiHow
By Pepe&Teo

¿Cómo elaborar mi perfil para las redes sociales y apps de ligue?

Aquí te daremos, paso a paso, los mejores consejos para que tu perfil quede como el de una *influencer* profesional. ¡Que se cuide Yuya!

1 ¿CUÁLES SON TUS INTENCIONES?

Lo primero es ser honestx y reconocer qué buscas. ¿Quieres salir a tomar un cafecito, ir a comer, a darte unos besos o de plano algo muy sucio? Tu perfil corresponderá a tus objetivos, piensa bien lo que deseas y da el siguiente paso.

2 ¿QUÉ REDES Y/O APPS DE LIGUE USAR?

Las redes sociales ya las conoces, sabes de qué va cada una y el contenido que conviene. Haz la misma investigación con las apps de ligue. Cada día aparece una nueva, algunas son más directas para el encuentro sexual y otras para gente que quiere una relación. Investiga todas, porque algunas cobran. **Descarga la que más te convenga!**

3 LA FOTO

Hablemos seriamente. ¡¿Qué pedo con algunas fotos de perfil?! No estamos criticando a las personas: nunca, jamás, todos somos hermosos, pero hay que trabajar en muchos aspectos para que se vea todo más bonito, se note la intención y se ocupe bien la red o la app.

¿Qué necesitas?

a) **UNA CÁMARA.** *Duh!*

b) **A TI (Duh! ×2):** Vístete y arréglate para lo que quieres. Linda y guapa o atrevida y arriesgada. Utiliza ropa sexy o lo que te haga sentir sensual, con el poder de hacer gemir a cualquiera con solo una mirada. Ponte eso con lo que te sientes cómoda y lista para la acción. ¡Lxs vas a hacer caer, ufff!

c) EL LUGAR (FONDO): Debes rentarte un estudio profesional (no es cierto, ;)). Cualquier lugar que sea cómodo, privado y con buena iluminación es el ideal. Sabemos que la mayoría de las fotos en paños menores son en tu cuarto, mantenlo limpio y ordenado. ¡No seas cochina!

d) EL ENCUADRE: Ya tienes el lugar donde vas a pasar un buen rato experimentando, ahora busca muy bien la posición de tu cámara y los lugares donde te vas a capturar: en la cama, sobre una silla, arriba del buró con las piernas detrás de la cabeza, como tú quieras. Busca y juega con tu cámara, contigo, con el lugar y, sobre todo, encuentra lo más importante: la luz perfecta.

e) LA LUZ: ¡Vaya que sabemos de esto! La luz es lo más importante para que una foto salga increíble. Experimenta con lámparas, velas (con cuidado), la luz de la calle que entra por tu ventana, la de tus celulares viejos, con filtros de colores, con todo. Tómate cientos de fotos hasta que encuentres el punto en el que te veas más antojable. ¡Encuentra tu luz, hermana!

f) LA EDICIÓN (o los filtros): Si nos hiciste caso y seguiste los pasos anteriores, ya no quedará mucho que hacer, tu foto ya está lista. Pero aprovecha la tecnología y utiliza los filtritos o las cositas para mejorar tu foto: que la sombra, que el contraste, todo eso. Solo no abuses, natural siempre es mejor. Procura no terminar pareciendo otra persona.

4 BIOGRAFÍA (DESCRIPCIÓN DEL PERFIL)

Esta es la parte en la que aseguras todo. Describes brevemente lo que eres y lo que quieres. Para este punto, además de los datos personales que decidas compartir, te pones en el mercado de la forma más directa posible: nombre, edad, estatura, peso, rol sexual… o pones algo poético o algo muy lujurioso, pero que siempre deje ver tus intenciones.

Tipextradetustíasqueteaman:

Estudia los perfiles que te gustan, analiza todos los aspectos que te mencionamos, retoma lo que te llame la atención y aplícalo en el tuyo. Solo no seas una copiona porque se nota.

Se vale jugar un poco con la descripción, adornarte, siempre y cuando no exageres ni mientas. Recuerda que si tú mientes, los demás también. No caigas en las trampas del *catfish* (ahorita te platicamos de esto, no creas que no). Si ya seguiste todos estos pasos, ¡puedes subir tu perfil!

¡AHORA SÍ, PERRA 2.0 MATRIX RECARGADA!

¡CONTACTO!

Tu hermoso perfil ya está arriba, ya estás en el mercado de la red social o app que hayas escogido. Ahora tú también puedes navegar en ese inconmensurable mundo de personajes virtuales que representan a alguien de carne y hueso.

Hay muchas personas que se autoetiquetan en tribus, que siguen algunos fetiches, crean grupos y viven en la comunidad que quieren. Esto hace más fácil la cacería para la fechoría, y de todo esto hablaremos más adelante, querido furro. Tal vez tú ya tengas tus siglas NSA o SSA en algún perfil, solo ten presente que hay infinidad de etiquetas.

Pero más allá de las etiquetas, entendemos que a veces puedes pensar que no estás en la misma liga que los perfiles de las apps. **No tengas miedo de hablarles, luego nadie les dirige la palabra porque piensan que son demasiado cool y que ya tienen a alguien, pero siguen solxs.** Recuerda que las apariencias no lo son todo.

 #Secretodeamor:

No importa la forma de tu cuerpo o el color de tu piel, recuerda que eres hermoso. Si eres relajado y auténtico, aunque sientas que la otra persona es inalcanzable, te abrirá sus puertas porque nadie se le acerca. Si te dice que no, lo respetas y buscas a alguien más.

¡No se vale utilizar tus poderes de bruja!

Mejor toma en cuenta estas palabras mágicas que, si bien no son tan místicas o misteriosas como tus conjuros, sí son fantásticas por lo que provocan:

Hola, ¿cómo estás?

PEPE&TEO Approved

¿Por qué estamos tan seguros? Porque también somos brujas y porque es una pregunta que en todas las circunstancias aplica muy bien.

EN REDES SOCIALES

Aquí, como es más público, quizá ya hubo algunos «me gusta» de por medio. Después se avientan uno que otro comentario picarón, juguetón o mínimo lindo, ya sea en alguna historia o en cualquier publicación, y todo va bien. Pero sabemos que nada se pone serio hasta que te manda un DM.

TEO: NO, NO SON DILDOS MONSTRUOSOS.

PEPE: TAMPOCO SON DUDAS MARITALES.

Cuando se pasa la conversación a un DM (direct message, mensaje directo) de cualquier red social, todo se torna privado. ¿Entonces qué haces? ¡Sacas las palabras mágicas!

Hola, ¿cómo estás?

PEPE&TEO Approved

Si a ti te las aplican pero no quieres nada, no lx dejes en visto y díselo directamente. No seas malita, recuerda lo feo que se siente cuando te pasa a ti. **Y si la otra persona te deja en visto...**

¡ALV! NO LE INSISTAS Y BÚSCATE OTRO. BESISBAAAI.

Pero si te responden (porque casi siempre lo hacen), enseguida te vas a dar cuenta de su propósito, así que es momento de entrar en modo analista:

> **NIVEL BAJO:** Estoy bien, gracias, ¿y tú?
> **NIVEL MEDIO:** Estoy mirando tus fotos, corazón. ¿Me mandas otras?
> **NIVEL ALTO:** Ando caliente, ¿nos vemos?

Y si su primera respuesta es más ambigua, no te preocupes. De cualquier manera ya sacaste el hilo de una conversación que podrás llevar hacia tus intenciones maquiavélicas: solo un cafecito para charlar y pasar la tarde, solo un agarrón para pasar la tarde o muchos cafecitos porque en serio te gusta.

EN LAS APPS DE LIGUE

El mismo principio: elige los perfiles que son afines a tus gustos. Le escribiste, te escribió, no importa, ya estás ahí, ¿qué vas a hacer?

Hola, ¿cómo estás?

PEPE&TEO Approved

De igual manera, espera a ver qué te responde. Si te deja en visto, pasas a otro; si comienza la conversación, será más o menos en estos niveles:

> **NIVEL BAJO:** Estoy muy bien. ¿Tú cómo estás?
> **NIVEL MEDIO:** Aquí tranqui, lamiendo la pantalla de ver tu culito rico. ¿Y tú?
> **NIVEL ALTO:** Estoy de perrito en la sala de mi depa, ¿estás cerca? La puerta no tiene seguro.

121

Listo, así de directos son a veces, así que tú sabrás cómo le sigues. Ponte juguetona con los mensajes. ¿No sabes cómo? Demos la bienvenida a la gurú de las charlas en apps de ligue:

TEO:

¡HOLA, AMIGA! ESTO ES SENCILLO: SI EN LA IMAGEN VES UNAS NALGAS, ENTONCES HÁBLALES A LAS NALGAS: «AY, QUÉ BONITAS, SE VERÍAN MEJOR EN MI CARA»; SI TODAVÍA ERES MEDIO PENOSA, APLICA LAS PALABRAS MÁGICAS («HOLA, ¿CÓMO ESTÁS?» PEPE&TEO APPROVED) Y DE TODOS MODOS TE VA A CONTESTAR. ¡DE NADA!

Ahora te toca seguir la conversación hasta el momento de la verdad, cuando de lo virtual pasas a lo real. Donde te debes poner guapa, agarrar tus llaves y salir para encontrarte con el sexo.

Esto sí pasa:

primero vas a estar bien entrona, pero cinco minutos antes del encuentro te vas a morir de nervios, ¡más si es tu primera vez! Con esa emoción a tope, solo fluye y goza este encuentro con alguien extraño, es parte del cortejo y suma para tener una cita memorable. ¡Saca esa personalidad increíble!

Y para aminorar esos nervios, que son normales y te permiten estar alerta, toma en cuenta lo siguiente:

SEGURIDAD EN REDES SOCIALES Y APPS DE LIGUE

Como todo en esta vida, hay algunas medidas que debemos mantener siempre para aminorar, evitar y algún día erradicar esas historias raras o feas de las citas que nacieron en una app de ligue.

Porque lo cierto es que solo ves el perfil que muestra en sus redes sociales y aunque hayan charlado una o varias veces, no lx conoces, así que debes tomar precauciones.

A continuación veremos algunas de las situaciones más comunes que siempre debemos evitar:

 CATFISH

Este concepto que literalmente significa **«pez gato»**, «bagre», se refiere a la intención de «pescar con la mano»: contactar, mediante perfiles falsos en redes sociales, a varias personas con diferentes propósitos.

Es decir, hay personas que crean perfiles falsos con fotos robadas de otras cuentas e información inventada para...

123

a) **Sentirse validadas y queridas por otrxs.** Son personas inseguras que crean representaciones virtuales de lo que quisieran ser y desde ahí comienzan a ligar. Obviamente todo es mentira y se cae cuando lo contactas porque nunca llega o, si lo hace, pues es otra persona diferente a la que viste en la app.

b) **Cometer fraudes u otro tipo de delito.** Estos perfiles abundan porque te engatusan, te «enamoran» y te piden tus datos del banco (¡nunca se los des a nadie!), roban tu identidad o tienen intenciones mucho peores. ¡Ponte viva, hermana!

c) **Para vengarse o amedrentarte.** Son personas horribles que quieren hacerte daño y saben cosas de ti. Construyen perfiles falsos para insultarte, difamarte o citarte en lugares horribles y burlarse de ti. ¡Ponte buza, bebé!

No te arriesgues

Si tu sexto sentido te dice que hay algo raro, no te expongas, no vale la pena por una calentura. Hay mucha gente sincera y directa que quiere conocerte. Recuerda que existe gente malvada allá afuera y queremos que estés bien y segura.

La realidad de la mayoría de los casos es bastante triste, pues estas personas suelen sentirse inseguras. Solo necesitan saber que por sí solas, sin importar su condición física, económica, racial o religiosa, son hermosas. **Si tú haces este tipo de prácticas, estamos seguros de que con el amor propio las dejarás de hacer.**

SEGURIDAD EN EL ENCUENTRO

Hay medidas que se pueden y deben tomar para asegurar nuestro bienestar. Tampoco pienses que debes llevar una navaja a todo encuentro sexual con un extraño, pero la realidad amerita ser realistas, así de simple, y para divertirnos debemos prevenir.

 Estos son algunos puntos que debes considerar:

1 Toma en cuenta a la persona

Aquí empieza todo, ya que a veces por meternos con un macho que nos gusta mucho terminamos con uno que no tiene buenas intenciones. Resulta que vas a su casa y ahí mismo te baja todo menos los calzoncitos especiales que te pusiste para la ocasión. Una vez más: sexto sentido, hermana. Si algo te da mala vibra, es mejor decir: «Ay, siempre no voy a poder». No tienes que ser grosera, solo discúlpate y no vayas al encuentro.

El lugar del encuentro 2

Siempre tiene que ser consensuado: así sea un motel, tú tienes que estar de acuerdo. Que te pase la info del lugar, chécalo en Maps y si no te late, no vayas. Si te sugiere su casa, investiga primero la zona. Y si lo citas en tu hogar, sé discreto. Guarda lo que no quieras que se pierda y procura no tener fotos de tu gente a la vista.

3 Los consumos

Ponte atenta a lo que comes y bebes durante el encuentro. No tomes nada que no quieras (mucho menos si notas que insiste), pero si te ofrece algo y estás plenamente enterada de los efectos, entonces disfrútalo. Otra opción es llevar tus propios dulces a la fiesta: si quieres consumir alguna sustancia, te recomendamos que sea tuya, así te aseguras de que todo irá bien, pues conoces la dosis, la duración y los efectos.

Infórmale a alguien de tu cita **4**

Esto es de muchísima ayuda. Pásale los datos
de tu date a tu amike, familiar o al conserje si
es preciso; no tengas pena. Dale los datos del perfil,
capturas de conversaciones y mándale tu ubicación,
hasta la hora aproximada de tu llegada. Entre más
información des, mejor.

Comparte estos y cualquier otro consejo
para evitar situaciones feas. Porque muy
independiente y todo, pero tampoco se vale
que por andar ligando dejes en ascuas a tus
seres queridos.

Dato curioso
(triste)

Los hombres heterosexuales no se preocupan de la misma forma por sus amigos heterosexuales si estos no llegan a casa. La mayoría trata de solapar a su amigo creyendo que su ausencia se debe a que anda de adúltero.

Muy por el contrario, para las mujeres hetero y para la comunidad LGBT, la acción inmediata ante la ausencia es la preocupación y la búsqueda, ya que se piensa que está en peligro.

Para cambiar estas situaciones desconsoladoras, toma en cuenta lo que te mencionamos y pasa estas medidas a quien creas que las necesite.

OTRO TIPO DE SEGURIDAD

Se vale que antes del encuentro le preguntes todo a tu pretendiente. En serio, pregunta todo. **Aquí es donde queremos ponernos más serios y autocríticos como miembros de la comunidad LGBT.**

Si ocupas estas redes o estas apps, no está mal escribir en tu perfil tu estatus de VIH: negativo, persona que vive con VIH, indetectable o en PrEP. Esta información es parte de ti. No ofendes si lo preguntas y no te ofendas si te lo preguntan. Debes ser honestx y dejar atrás estas cuestiones tabú que han hecho mucho daño a la comunidad.

Para finalizar este capítulo:

Queremos pedirte que no te quedes con una idea horrible del sexo sin compromiso. Todo lo que hemos dicho es para que tomes precauciones, tus parejas tomen precauciones, todxs nos cuidemos y así podamos disfrutar de nuestra sexualidad con libertad, responsabilidad y placer.

Capítulo

5

Antes de gozar: ¡salud sexual!

Hermana,
deja el celular tantito
y pon mucha atención.

Este es uno de los aspectos más importantes

ahora que vas a dar
tu amor a todos los seres
que se te antojen y crucen
tu camino.

No importa si tienes
un encuentro al año o un
par cada tarde: ¡cuídate!

SALUD SEXUAL

Lo que te sugerimos no son cuentos de tus tías. Sabes que para las cosas serias nos asesoramos con expertxs, y en este caso lo hicimos de la mano del Centro Nacional para la Prevención y Control del VIH y el sida (Censida).

Además, acudimos con nuestro experto de cabecera en salud sexual, Ricardo Baruch, quien nos dirigió a una plataforma fantástica llamada **Generación Viva** (búscala después en internet y checa su contenido).

Para que veas que nosotros ya hicimos la tarea, juntamos todos sus conocimientos con los nuestros. Aquí va lo que consideramos fundamental para informarse debidamente sobre salud sexual.

La salud sexual es un estado de bienestar físico, mental y social en relación con la sexualidad. Requiere un enfoque positivo y respetuoso de la sexualidad y las relaciones sexuales, así como la posibilidad de tener experiencias sexuales placenteras y seguras, libres de coerción, discriminación y violencia. Para lograr y mantener la salud sexual, los derechos sexuales de todas las personas deben ser respetados, protegidos y garantizados.

Toda esta idea de que procures tu salud está respaldada en la lista de derechos sexuales que dicta la Organización Mundial de la Salud (OMS):

DERECHOS SEXUALES

El derecho a la igualdad y a la no discriminación.

Toda persona tiene derecho a disfrutar de los derechos sexuales de esta declaración sin distinción alguna de raza, etnia, color, sexo, idioma, religión, opinión política o de cualquier otra índole, origen nacional o social, lugar de residencia, posición económica, nacimiento, discapacidad, edad, nacionalidad, estado civil y familiar, orientación sexual, identidad y expresión de género, estado de salud, situación social y económica o cualquier otra condición.

El derecho a no ser sometido a tortura ni a penas o tratos crueles, inhumanos o degradantes.

Nadie será sometido a torturas, maltratos o penas degradantes, crueles e inhumanas relacionadas con la sexualidad, incluyendo: prácticas tradicionales dañinas, esterilización, anticoncepción y abortos forzados, así como otras formas de tortura o tratos crueles, inhumanos o degradantes cometidos por motivos relacionados con el sexo, el género, la orientación sexual, la identidad y expresión de género, y la diversidad corporal de la persona.

El derecho a la privacidad.

Toda persona tiene derecho a la privacidad relacionada con la sexualidad, las elecciones respecto a su propio cuerpo, las relaciones sexuales consensuales y las prácticas sin interferencia ni intrusión arbitraria. Esto incluye el derecho a controlar la divulgación de información personal relacionada con la sexualidad.

El derecho a casarse, fundar una familia y contraer matrimonio con el libre y pleno consentimiento de los futuros cónyuges, y a la igualdad y la disolución del matrimonio.

Toda persona tiene el derecho a elegir, con libre y pleno consentimiento, casarse, mantener una relación de pareja o tener relaciones similares. Todas las personas tienen los mismos derechos en cuanto a contraer matrimonio, durante el tiempo que este dure, y a la disolución de dichas relaciones, sin discriminación ni exclusión de ningún tipo. Este derecho incluye beneficios como la igualdad de acceso a la asistencia social, independientemente del estado en que se encuentre dicha relación.

El derecho a decidir el número y el espacio de los hijos.

Toda persona tiene derecho a decidir tener o no hijos, así como el número y el momento del nacimiento de los mismos. Para ejercer este derecho se requiere tener acceso a las condiciones que influyen y determinan la salud y el bienestar, incluyendo los servicios de salud sexual y reproductiva relacionados con el embarazo, la anticoncepción, la fecundidad, la interrupción del embarazo y la adopción.

Los derechos a la información y educación sexual.

Toda persona debe tener acceso a información precisa y comprensible relacionada con la sexualidad, la salud sexual y los derechos sexuales a través de diferentes recursos o fuentes. Tal información no debe ser censurada o retenida arbitrariamente ni manipulada de manera intencional.

Los derechos a la libertad de opinión y expresión.

Toda persona tiene el derecho a la libertad de pensamiento, opinión y expresión sobre la sexualidad, así como a expresar su propia sexualidad a través de su apariencia, comunicación y comportamiento con el debido respeto a los derechos de los demás.

Los derechos al más alto nivel posible de salud (incluida la salud sexual) y la seguridad social.

Esto requiere de servicios de atención a la salud sexual disponibles, accesibles, aceptables y de calidad.

El derecho a un recurso efectivo por violaciones de los derechos fundamentales.

Toda persona tiene derecho al acceso a la justicia, a la retribución y a la indemnización por violaciones a sus Derechos Sexuales. La indemnización incluye: el resarcimiento a través de la restitución, la compensación, la rehabilitación, la satisfacción y la garantía de que no se repetirá el acto agravante.

Conoce tus derechos para exigirlos siempre. ¡Así te cuidas y cuidas a los demás!

Haz efectivo tu derecho a la salud sexual, conoce todo sobre ella y realiza tus estudios periódicamente.

 **TEO:** O SEA, YO SOY NIÑA BIEN. ¿QUÉ TE PASA?, ¿QUÉ INSINÚAS?

 **PEPE:** NO INSINUAMOS NADA, PERO NIÑA BIEN O NIÑA MAL, ¡CUÍDATE!

Como decíamos al principio del libro, conócete: revisa tu cuerpo, no solo para saber qué, dónde y cuándo te gusta. Reconoce la forma de tu pene, de tu vagina, de tu ano, de tus senos, para que en el momento en que notes algo diferente en ti, asistas de inmediato con un especialista. **¡Directito al médico!**

I. PREVENCIÓN

La única forma de estar 100% seguros de no adquirir una infección de transmisión sexual (ITS) es no teniendo sexo. Pero sabemos que eso es imposible para aquellxs que no sean asexuales, así que ahora nuestra misión es informarte sobre todo lo que tenga que ver con las artes del dulce amor. Para ello necesitas conocer las prácticas que reducen las probabilidades de adquirir una infección.

Hay maneras de protegerse y prevenir las ITS. **Tener sexo seguro quiere decir usar condón.** De acuerdo con los Centros para el Control y la Prevención de Enfermedades (CDC): «Cuando los condones de látex se usan de manera constante y correcta, son altamente eficaces para prevenir la transmisión sexual del VIH».*

Además, el uso adecuado del condón reduce el riesgo de contraer otras ITS, incluso las que se transmiten por las secreciones genitales y, en menor escala, las úlceras genitales. También puede disminuir el riesgo de infección por el virus del papiloma humano genital (VPH) y las enfermedades asociadas a él, por ejemplo: verrugas genitales y cáncer de cuello uterino.

Actualmente existe otro método de prevención de VIH llamado **PrEP.**

* https://www.cdc.gov/condomeffectiveness/spanish/latex.html

¿Qué es PrEP?

Profilaxis preexposición. Es una pastilla que al tomarse diariamente evita la transmisión de VIH. Debe ser ingerida de forma oral por personas que no viven con VIH. Se ha demostrado que el PrEP es altamente efectivo, pues puede reducir el riesgo de contraer VIH hasta en un 99% (de acuerdo con los CDC*). Sin embargo, la efectividad del tratamiento depende en gran medida de la adherencia, constancia y cumplimiento de la toma.

Es muy importante entender que este tratamiento no previene la infección de otras ITS y reconocer que se trata de un avance importante en la lucha contra el VIH. Este método es altamente recomendado si tienes constante actividad sexual con distintas parejas y no sueles utilizar condón, pero recuerda que actualmente el condón es la única forma de prevenir otras ITS.

Para descartar alguna contraindicación clínica, antes de saber si eres candidatx y de comenzar el tratamiento, tu doctor deberá realizar una evaluación médica: checar, principalmente, el correcto funcionamiento de riñones e hígado.

*https://www.cdc.gov/hiv/risk/ estimates/preventionstrategies.html

Actualmente, PrEP es gratuito en pocos países; en naciones como México, Perú y Brasil se encuentra en programas gratuitos para una cantidad limitada de personas, pero esperamos que próximamente esté disponible para todxs lxs interesadxs.

En la actualidad, los programas gratuitos del protocolo se ofrecen a las poblaciones más expuestas al VIH: hombres que tienen sexo con hombres, mujeres trans y trabajadorxs sexuales.
Para más información ingresa a: **www.hablemosdeprep.com**

Infórmate y habla con tu comunidad, hermana. Si sabes de alguien a quien esto pueda ayudarle, compártelo. Recuerda que entre todxs nos cuidamos. Ahora también nos gustaría hablarte del PEP.

Conoce el PEP

Las siglas significan profilaxis posexposición y consiste en una toma de medicamentos antirretrovirales lo más pronto que se pueda (72 horas) después de una posible exposición al VIH. Debe emplearse solamente en situaciones de emergencia.

No está recomendado para su uso regular.

¿Quién debe considerar la posibilidad de recibir el PEP?

Se puede recetar PEP a aquellas personas que tengan estatus VIH-negativo o a aquellxs que desconozcan su estado de VIH y en las últimas 72 horas:

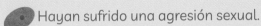 Hayan sufrido una agresión sexual.

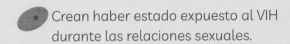 Crean haber estado expuesto al VIH durante las relaciones sexuales.

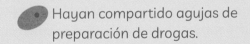 Hayan compartido agujas de preparación de drogas.

Tu médico de confianza, un especialista o el personal del centro de salud de tu localidad te ayudarán a decidir si el PEP es el tratamiento correcto para ti.

 También te dejamos algunas recomendaciones que disminuyen los riesgos de ITS que puedes sumar al método de prevención que uses:

- Utiliza lubricante durante la penetración para reducir la posibilidad de que se produzcan heridas. Si se usa saliva, hay que recordar que se seca y, por tanto, tiene poca duración como lubricante.

- Evita prácticas en las que se produzcan lesiones en el ano o vagina antes de la penetración (por ejemplo, la introducción del puño o de objetos rígidos).

- Evita utilizar frecuentemente lavativas antes de la penetración anal, ya que debilitan la mucosa anal y la vuelven más susceptible a heridas.

- No compartas juguetes sexuales y, en caso de hacerlo, usa un condón en cada uso o lávalos y desinféctalos.

Además de toda esta información, considera el siguiente punto y recuérdalo como si fuera un mantra: **hacerte la prueba, conocer tu estatus, tomar acciones de prevención y atención (en caso de vivir con VIH) son las formas de tomar control sobre tu salud sexual.**

2. HAZTE LA PRUEBA

Si ya iniciaste tu vida sexual, debes hacerte pruebas de detección de VIH, VPH y otras ITS al menos una vez al año. No, bebé, un resultado negativo de hace cinco años no quiere decir que seas inmune. Esta es una responsabilidad constante y debe estar implícita en la vida sexual de cualquier persona. Si conoces tu cuerpo, no hay razón para tener miedo.

«Si no lo sé, es como si no existiera». ¡Error! La incertidumbre solo aumenta la ansiedad, pero no ayuda en nada en caso de que exista una infección. En caso de que tu resultado sea positivo: no se acaba el mundo, no debes sentirte avergonzadx ni culpable, pues no has hecho nada malo. Conocer tu estatus te permitirá tomar las medidas necesarias para continuar con tu vida sexual y para mantener tu salud sexual. Así que si el resultado es positivo, acude a tu centro de salud. En caso de que tu resultado sea negativo, continúa con tus revisiones periódicas, sigue tomando las medidas preventivas que se adapten a tu vida sexual y sensibiliza a tu círculo cercano sobre el tema. Cuidar a los demás también es amor propio.

3. ATENCIÓN Y TRATAMIENTO

Si eres una persona que vive con VIH, es importante que acudas por tu tratamiento antirretroviral lo más pronto posible. Actualmente muchas personas que viven con VIH pueden llegar a ser indetectables. Esto implica que una prueba no puede detectar el virus en la sangre, aunque la persona viva con VIH.

Importantísimo: alguien que presenta indetectabilidad y se mantiene así por seis meses o más, no transmite el virus a través del sexo.

*https://www.preventionaccess.org/

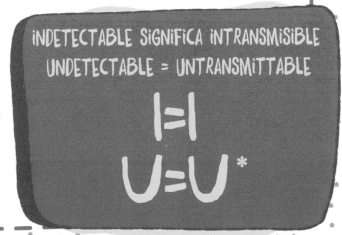

INDETECTABLE SIGNIFICA INTRANSMISIBLE
UNDETECTABLE = UNTRANSMITTABLE

I=I
U=U*

Hoy nos encontramos en un punto en el que, por un lado, podemos poner fin a la epidemia de la infección por VIH; por el otro, ayudamos a eliminar el estigma relacionado a vivir con VIH.

U = U es una campaña simple, pero de gran importancia y con evidencia científica. Tiene efectos directos en la opinión pública, lo cual permite que más personas con VIH y quienes las rodean comprendan que pueden disfrutar vidas largas y saludables, tener hijos y nunca preocuparse por transmitir la infección a otros.

4. DETENER EL ESTIGMA DEL VIH

¡Sin miedo y sin pena!

Nadie debe decirle a nadie que adquirir VIH pasa «por puta» o «por gay». ¡No, señora, no! Acabemos con la estigmatización, con la discriminación de género y construyamos la confianza necesaria para tratar este tema de la manera debida: con responsabilidad y sin tapujos.

Y nuevamente les repetimos (para que quede bien claro) que hoy en día nuestrxs hermanxs que viven con VIH pueden disfrutar de vidas sexuales longevas y saludables al apegarse a su tratamiento antirretroviral.

TEO: RECUERDA QUE EL MISMO TABÚ EXISTÍA CON LOS EXÁMENES DE CÁNCER DE MAMA.

PEPE: Y LO MISMO CON EL CÁNCER DE PRÓSTATA. AHORA YA HASTA EN SU FUTBOL HAY RECOMENDACIONES PARA QUE LOS ONVRES SE METAN EL DEDO Y DETECTEN ASÍ EL CÁNCER DE PRÓSTATA. ¡DÉJENSE, SE SIENTE RICO!

Ojo:

Mencionamos todos estos consejos de salud porque son importantes. Debes repasarlos muy bien porque lo que sigue es platicarte de lo que más te gusta: la fechoría. Y para que le puedas entrar con todo y con todxs debes ser responsable de tu salud sexual.

Ahora sí: ya que hablamos de salud sexual, hay que aprovecharla y cumplir tus fantasías más atascadas.

145

FANTASÍAS SEXUALES

Ya informado todo sobre salud sexual, es momento de subir el tono, cambiar de velocidad y darle rienda suelta al deseo carnal.

Hay que diferenciar estos ejercicios imaginarios de otros que tienen un sentido sentimental: las fantasías amorosas son las que te haces todos los días con tu compañero de trabajo, con tu maestro, con el tortillero. Lo que solemos llamar amoríos platónicos.

PEPE: YO ME HAGO MIS FANTASÍAS DE AMOR CON MI POLLERO. ME ENCANTA VER CÓMO APLANA LA PECHUGA EN BISTEC Y NOS IMAGINO DÁNDONOS PIQUITOS Y VIVIENDO FELICES EN NUESTRA GRANJITA.

Esas ilusiones son muuuy diferentes a las sexuales. Por suerte, estas son más fáciles de convertir en realidad. Y como surgen a partir del pensamiento de cada individuo, podrían ser infinitas, así que no te podemos dar una lista detallada. Más bien te invitamos a que tú mismx explores tus ocurrencias eróticas.

#TipDeTusTíasFantásticas:

Hay gente que hace una especie de *bucketlist* en la que apuntan cada una de las fantasías que deben cumplir antes de morir; por lo tanto, asumen el compromiso de realizarlas.

La mayoría de ellas, hay que decirlo, se quedan en la cabecita porque:

> **a)** Son fantasías sumamente difíciles de cumplir.
> **b)** No son tan aceptadas por la sociedad.
> **c)** Son tantas que ni todos los días de la vida alcanzarían.
> **d)** Son peligrosas o están fuera de la ley.

Muchos tienen la fantasía de hacerlo en un avión, pero si te cachan, pues te vas a la cárcel. Ah, ya no se antoja tanto coger medio chueco en cinco minutos mientras la aeronave comienza su descenso hacia la Terminal 2, ¿o sí?

Toda fantasía es válida siempre y cuando no violente a otros seres vivos. Sin importar el nivel de perversidad, tus deseos más oscuros nunca deben dañar ni perturbar en ningún sentido a un tercero. Fuera de eso, todo bien.

Claramente sabes que hay cosas, escenarios y contextos en los que puedes terminar tras las rejas. Nuestra recomendación es que siempre sea dentro del marco de la legalidad.

Dentro del marco legal puedes realizar lo que quieras sin importar lo depravadillo que sea. Esto te dará más comodidad al momento de interpretar tu papel en ese jueguito que traigas entre manos. Además, para comprometerte de una mejor forma con la fantasía sexual y disfrutar con todo, puedes asumir cuál es tu rol sexual. Chance y te la pases mejor.

ROLES SEXUALES

Quizá no lo sepas, pero en la sexualidad, independientemente de tu orientación, existe un gran tema respecto a los roles de dominación y sumisión que jugamos como personas. Estos papeles que vas a interpretar al momento del delicioso pueden tener efectos negativos o increíblemente orgásmicos.

En las relaciones heterosexuales este tema se deja pasar un poco más, pero en las comunidades LGBT lo entendemos tempranamente. En cualquier caso, descubre, redescubre o afianza el rol que te acomoda para el encuentro sexual.

A estas alturas ya sabes que hay pasivos, activos e inters: uno da, el otro recibe y el último da y recibe. Pero algunas veces, el riquísimo acto sexual puede llevarte a ser más activo que pasivo, o al revés; eso depende de cómo vayas sintiéndote.

 **PEPE:** EL #GAYDAR SIEMPRE TE DICE QUIÉN JUEGA EL ROL DE PASIVO Y EL ROL DE ACTIVO; SIN EMBARGO, ESTO NO ES LIMITATIVO.

 **TEO:** ¡EXACTAMENTE! EXISTEN PASIVOS DOMINANTES Y VICEVERSA.

Hay que tomar en cuenta un aspecto muy importante:

No siempre quien penetra tiene el rol dominante. En nuestra comunidad esto es más evidente: existen pasivos dominantes que son penetrados, pero tienen el rol de mando.

ESTOS TE DICEN POR DÓNDE DARLES Y POR DÓNDE NO, BÁSICAMENTE TÚ SOLO PONES EL MIEMBRO.

¡ESTOS SE COGEN SOLITOS!

Así también hay muchísimas mujeres que reciben, pero te dicen dónde, cuándo, cómo y cuánto tiempo. ¿Por qué lo hacen?

La característica de ejercer poder sobre otra persona durante el acto sexual, es un gran afrodisíaco. Tener esa voz de mando es increíblemente excitante; sin embargo, ser sumiso también te lleva a descubrir nuevas emociones en el sexo.

PEPE: HOY VOY A SALIR COMO UNA TIERNA GATITA.

TEO: HOY VOY A SALIR COMO UNA LEONA INSACIABLE.

Recuerda que hay personas con un rol firme e inamovible. A lo mejor tú eres una de ellas y está cool, así que, para que no pases un momento incómodo, también pon atención a las señales de tu pareja en turno.

1. En un encuentro casual:

Andas en la fiesta, el antro o el bar y notas que el ligue te toma mucho de la cintura, de la mano y siempre te agarra de más: pues es activo. Entonces, si tú eres pasivo, arrima tus nalguitas durante el perreo y así no habrá confusiones ni sacrificios a la hora de la hora.

2. En apps o redes sociales:

El perfil suele evidenciar todo, y muchas plataformas ya incluyen el rol que se prefiere. Si no lo encuentras, pregunta. Y si tú ya te definiste, pero quieres juguetear, avísale a tu pareja en turno: «Oye, soy activo, pero quiero que me des unas nalgadas bien duras».

#Consejodetustíassabias:

Si quedaste y ya habías definido tu rol, se vale cambiarlo, pero no es recomendable hacerlo mientras echas pasión. Actualiza tus perfiles si tienes firme la decisión de cambiar o deja un escenario abierto si solo quieres experimentar.

 **TEO:** NOS HAN CONTADO DE CASOS EN QUE LLEGAN AL ACTO SEXUAL, LOS DOS SE ENCUERAN Y AMBOS PARAN LAS NALGUITAS EN LA CAMA. LOL!

 **PEPE:** SE DAN UNOS BESOS Y SOLO TERMINAN HACIENDO MANUALIDADES: PINTÁNDOSE LAS UÑAS O MASTURBÁNDOSE EL UNO AL OTRO.

 **TEO:** Y POR SUPUESTO QUE TAMBIÉN SUCEDE LA OTRA CARA DE LA MONEDA, DONDE LOS DOS DICEN:

¡Voltéate!

¡No, voltéate tú!

 **PEPE:** ¡AY, ESTO SÍ ME HA PASADO A MÍ!

 **TEO:** ¿Y CÓMO SE RESUELVE ESTO?

 **PEPE:** PUES ALGUIEN SIEMPRE TERMINA CEDIENDO, O HAY QUIENES HACEN FLIP FLOP (PRIMERO UNO Y LUEGO EL OTRO).

#Recomendacióndetustíasexploradoras:
Independientemente de tu rol, date chance de cambiarlo
y toma en cuenta la importancia de experimentar; no
solo para cumplir tus fantasías sexuales, sino para seguir
conociéndote a ti mismo y, de nuevo, conocer tus límites.

 **TEO:** POR EJEMPLO, ¿A TU AMANTE EN TURNO, UN COMPLETO DESCONOCIDO, LO MONTARÍAS A PELO?

BAREBACK

 **PEPE:** TAMBIÉN CONOCIDO COMO BBK O COMO BARBIQUIU, ESTA PALABRA REFIERE UNA TRADICIÓN GRINGA EN LA QUE FAMILIARES Y AMIGOS SE REÚNEN LOS DOMINGOS PARA ASAR CARNE AL AIRE LIBRE Y BEBER CERVEZA.

¡AY, NO! EL BARBIQUIU ES UNA SALSITA AGRIDULCE QUE YA HASTA LA VENDEN HECHA POR UNA DE ESAS MARCAS QUE ANUNCIA NUESTRO ADORADO PEDRITO SOLA. ¡SALUDOS, PEDRITO!

¡Ya basta de chistes malos! El término *bareback* **(a
pelo)** se puede aplicar a cualquier tipo de penetración al
natural, sin nada. **¡SEXO SIN CONDÓN!** Y tenemos que
hablar de ello porque es importante y está sucediendo.

Y tú lo has hecho, no te hagas.

¿Entonces por qué chingados hablar de ello si ya sabes lo que es y lo has practicado?

Porque para mucha gente de la comunidad gay es erotizante ver porno bareback. No le queremos poner un estigma al tema ni mucho menos, pero siempre recuerda que la salud sexual es primero y que si vas a hacerlo sin condón, no sería mala idea que consideraras estar en PrEP. Así ya estarías PrEParada y consciente de las ITS.

PORNODATO 1:

Al haber nula educación sexual, muchos terminamos aprendiendo sexo de las películas porno en donde todo lo exageran. El BBK existe y para nosotras es importante que lo sepas porque no queremos que, cuando lo mencionen en una cita, tú te quedes con cara de *whaaaaat*? Pero recuerda repasar o volver a leer la parte de **salud sexual** para mantenerte informado.

Y si ya lo has hecho, recuerda que cada seis meses tienes que checar tu estado de VIH y de otras ITS y PrEPararte mejor para la siguiente vez.

Ponte listo: si ves que en su perfil dice *bareback*, ya sabes que es sin condón y no te vas a sorprender en el acto. Si no te diste cuenta o te avisó ya encuerados, una de tres:

1. No tienes sexo. No pasa nada.
2. Cedes y lo haces sin condón asumiendo las consecuencias. **No tan recomendable.**
3. Le pides que él ceda y utilice condón. **Muy recomendable.**

Hay gente que practica *bareback* y sin problemas puede ponerse un condón, pero ya te lo decíamos: cada quien sus hábitos sexuales.

Y si tú tienes una relación de pareja monógama, es natural que tengan sexo sin condón, porque la fidelidad forma parte de sus votos en la relación. Pero... igual háganse pruebas de ITS, ya que la realidad es que la gente es más infiel de lo que parece y nunca sabemos qué pueda ocurrir verdaderamente.

PORNODATO 2:

Hubo un momento en que la propia industria del porno veía mal si alguna productora filmaba a sus artistas sin condón, ya que promovía una imagen de sexo inseguro y propagación de las ITS. Sin embargo, ahora que ya existe PrEP, se decidió mantener a los artistas en tratamiento constante para tener relaciones sin condón, y con revisiones frecuentes de otras ITS. Si tú quieres ser artista porno, revísate periódicamente; si no te interesa, también.

Bien que te conoces, hermana, no te hagas: si tu salud sexual no es la ideal en este momento, córrele a hacerte la prueba y suspende esta actividad de inmediato. Ya que conozcas tu estatus de VIH, regresa a disfrutar de tu lectura de nuevo.

Esto aplica independientemente de tu género y de tus prácticas sexuales. ¿Por qué andamos tan insistentes con la salud?

Porque en el siguiente capítulo, la cochinada aumenta.

Capítulo

6

Las aventuras de Pepe&Teo: el increíble universo donde se hace el delicioso

A estas alturas ya nada nos espanta:

tenemos amor propio, estamos informadxs y sabemos disfrutar el placer, así que esto de los ejercicios comunales, en los que tú funcionarás como un catalizador sexual para la excitación del grupo, será muy sencillo de entender.

LA TAREA EN EQUIPO

Vamos un momento a la primaria para recordar dos cosas: cuando nos ponían a trabajar en equipo y cuando alguien se sacaba una pirinola y todos comenzaban a jugar. Hermana, imagina que tienes esa pirinola en las manos, no lo pienses más y échala a girar.

JÚNTENSE EN GRUPOS DE TRES

Toma dos y disfruta de un trío increíble.
Aquí se trata de tres seres humanos haciendo el delicioso. Digamos que vas a un bar, un antro, una fiesta, lo que sea. Vestida de azúcar y lista para conquistar, eres tan sexy que no solo los solteros se te quedan viendo, sino que una pareja te invita un trago y comienza a charlar contigo. Bailas, lxs besas, lxs tocas y de repente te proponen un trío. ¡Ufff, rico!

En otro contexto, una pareja vio tu perfil en redes o apps de ligue y te contacta para pedirte que seas el regalito de bodas o ese elemento adicional que hará que lxs tres disfruten una sola noche. ¿Quieres probar?

Si te llama la atención la propuesta porque quieres experimentar, entonces ten en cuenta todas las precauciones de las que ya te hablamos, toma tus llaves y al toro por los dos cuernos. El punto es que lxs tres se den placer y provoquen una mezcla de sensaciones, fluidos y gemidos que lxs hagan estallar una y otra vez. Disfruta hasta que sus cuerpos queden rendidos de tanto orgasmo.

TEO: NADA MÁS NO TE QUEDES A DESAYUNAR... A MENOS QUE TÚ COCINES.

PEPE: Y OFRÉCETE A LAVAR LAS SÁBANAS QUE ENSUCIASTE. ¡NO ES CIERTO, BROMI! ¡COCHINA!

Ahora: **si nadie te ha invitado, no te quedes con las ganas;** puedes buscar la oportunidad de tener un trío. Muchas apps de ligue te permiten activar filtros para encontrar un trío y no faltará la pareja que diga «dos más uno» o, directamente, «buscamos una persona de tales características para un trío». Tú investiga tantito y comprueba todas las opciones que existen.

No te limites por lo que aparece en el porno, el límite es tu imaginación.

Pero también recuerda que el porno es ficción y la realidad siempre es más excitante, y para que se considere trío solo basta con respetar ese mágico número del amor: **TRES.** Lxs participantes pueden tener el género y la orientación sexual que sea, solo se trata de gozar, divertirse y dar gusto a lxs involucradxs.

Si tú eres «la visita», es probable que seas parte de una fantasía. Trata de complacer sin favoritismos y, si establecieron un guion antes de comenzar, apégate a él y utiliza tus artes eróticas para que vuelvan a llamarte. ;) Si no estás de acuerdo con las reglas de su juego, siempre puedes decir que no y buscar tu propio trío para hacer lo que se antoje. No está de más decir que esto siempre debe ser consensuado y todxs deben pasarla bien. Si notas que alguien no se siente a gusto, para y coméntalo. No pasa nada. Si sientes que no te pelan, pues qué mal, para qué te invitan si no te pasan las pelotas. Como en el resto de las prácticas sexuales, se trata de explorar, disfrutar y saciar la sed de la buena.

HAGAN EQUIPOS CON SUS COMPAÑERITXS

TODOS PONEN

Todxs toman, todxs ponen y
¡QUÉ ORGÍA, HERMANA!

Una pierna jugosa por aquí, un torso sudoroso por acá, un par de ojos asomándose por allá, un culito hermoso rondando por todos lados; son muchos seres desnudos mezclándose, sintiendo por todas partes y explorando los límites corporales en un ambiente seguro y agradable para todxs.

Puedes entrar y salir cuando quieras, siempre que respetes las reglas establecidas. Si no te sientes cómodx, puedes retirarte respetuosamente y de puntitas para no interrumpir el concierto de orgasmos que estás presenciando. No seas la persona que interrumpe el ciempiés humano (¡ay, qué espanto!).

Si lo tuyo es ver de lejitos y tocar tu parte, debes saber que también hay orgías en las que puedes ver solamente y otras en las que te puedes hasta tocar mientras observas, pero no participas. Si quieres experimentar y nadie te ha invitado a una fiesta así, puedes buscar —igual que con los tríos— en las apps de ligue o directamente en internet; solo revisa que sea algo consensuado y no tenga pinta de secta (existen, bebé, ten cuidado). Tú sin pena, siempre habrá huequito para una bella y caliente personita como tú. Solo asegúrate de que no esté nunca en peligro tu integridad y sigue experimentando.

#Nadamáseltip:
Hay algunos antros que tienen cuartos oscuros donde se llevan a cabo estas prácticas. Es más, quizá para estas alturas ya sabes que estas cosas se hacen en algunos saunas, hoteles con terrazas, casonas privadas y otras locaciones más exóticas. Cuando llegues a una, siempre comunica tus intenciones.

PEPE: SI ESTÁS EN UN BAÑITO DE VAPOR Y TÚ NO QUIERES QUE TE DEN POR ATRÁS, PUES HAZLES SABER QUE ESA PUERTA ESTÁ CERRADA.

TEO: TAL VEZ ALGUIEN TE DIGA «OYE, ES QUE NOS ENCANTA PRACTICAR LA LLUVIA DORADA». SI NO QUIERES, NO LO HAGAS Y MEJOR BUSCA A ALGUIEN MÁS.

EN TRÍOS U ORGÍAS PUEDES DECIR **NO** EN CUALQUIER MOMENTO EN EL QUE LA SITUACIÓN SE PONGA INCÓMODA PARA TI. SI NO RESPETAN TU DECISIÓN, RETÍRATE.

Eso sí: no te espantes, en ocasiones hay personas que, además de hacer el delicioso con otras, pertenecen a una tribu.

PEPE: AY, YA SÉ, QUE ANDAN SEMIDESNUDOS, GRITAN Y SACRIFICAN CUERPOS A SUS DEIDADES.

TEO: AY, HERMANA, PUES... SÍ, ESO SE PARECE MUCHO A UNA TRIBU, PERO NO FUNCIONA ASÍ, SOBRE TODO EN LO DE LOS SACRIFICIOS. AQUÍ SOLO SE REÚNEN CUERPOS, MUCHAS VECES SEMIDESNUDOS, GRITAN Y COMPARTEN FETICHES O GUSTOS FÍSICOS.

PEPE: AJÁ, Y DESPUÉS SE SACAN EL CORAZÓN Y BEBEN LA SANGRE QUE CORRE POR SUS PEDERNALES.

TEO: MMM, NO, MEJOR VAMOS A SER CLAROS Y EXPLIQUEMOS A QUÉ NOS REFERIMOS CON TRIBUS.

TRIBUS GAYS

Nos referimos a los individuos de un círculo social que comparten gustos e intereses basados en sus características físicas. En el terreno sexual, es como tener tu grupito de amigos, pero estos son extremadamente íntimos, muy peculiares y muy divertidos.

Algunas de las tribus gays que existen son:

Tienen carita de siempre joven y son muy delgados. Únicamente por sus características físicas, un par de celebridades que podrían pertenecer a esta tribu son Timothée Chalamet y Shawn Mendes (aunque sabemos que ambos son heterosexuales).

Twinks

Son hombres de complexión fuerte, grande o gruesa, y muy peludos. Dentro de esta tribu hay otras categorías en las que entran los hombres con pelo, de diferentes complexiones.

Osos

Hombres pequeños y/o muy delgados y velludos.

Nutrias

Jóvenes con apariencia y complexión de oso.

Cachorros

Hombres de cuerpo diverso con poco o nulo vello corporal.

Chubbys o chubs

Aquellos que se sienten atraídos por los osos, pero que físicamente no cumplen con las características de uno.

Cazadores

Como el nombre lo dice, son osos que tienen músculos.

Osos musculosos

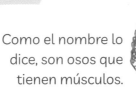

Hombres peludos de complexión delgada o atlética.

Lobos

Osos canosos, con barba y cabello blancos o grises.

Osos polares

Hombres peludos de mayor edad que sienten atracción por los cachorros.

Papás osos

Hombres de edad mayor que sienten atracción por hombres jóvenes.
(A diferencia del *sugar daddy*, este quiere darte, pero no dinero).

Daddies

PEPE: AY, CUÁNTO ANIMAL DE PELUCHE, HERMANA.

TEO: SÍ, DULCES, SUAVES Y TIERNOS ANIMALITOS DE PELUCHE... *SE CEPILLA EL PELAJE CON LUJURIA*

¿Te identificaste con alguna de estas tribus?

Si de plano esto de las tribus no es para ti, ya sabes: no sigas el juego y no pasa absolutamente nada. Pero si te interesa un poquito, toma en cuenta cada perfil para que sepas en cuál encajas; tienes madera de *chubby*, de nutria o de lo que sea, pues busca sus grupos en la red, contáctalos y asiste a sus eventos para que te informes de primerísima mano.

Cuando te atrevas a probar este tipo de experiencias grupales... podrás subir de nivel, ganar puntos de experiencia y tener tu propio nombre clave. ¡Mira, ahí viene la Osa Mayor!

TEO: ¿Y SI NO ME LLAMA LA ATENCIÓN NINGUNA TRIBU Y NO QUIERO HACER LA FECHORÍA MÁS QUE CON MI PAREJA SEXUAL, PERO QUIERO EXPERIMENTAR ALGO NUEVO, ATREVIDO E ÍNTIMO?

PEPE: SAY NO MORE, MAMA! PARA ESO TENEMOS LOS RICOS Y VARIADOS FETICHES.

TODOS TIENEN UNO

FETICHES

En el contexto de nuestra generación, el uso cotidiano de la palabra *fetichismo* se refiere sobre todo a intereses o prácticas sexuales concretas; sin embargo, el fetichismo sexual es el uso de diferentes objetos inanimados para producir una excitación aumentada.

Bajo el concepto popular de *fetichismo* (que más bien engloba las parafilias*), entendemos que hay muchísimos y de nombres rarísimos. Aquí solo te vamos a mencionar los más comunes y te los explicamos con una imagen. En **#NiTanSola,** nuestro libro para parejas, hablamos a detalle del tema.

(*incluyendo el término parafilia)

Solo algunos

BDSM

Leather

Látex

Furries

Puppy play

Exhibicionismo

fetiches

Frotismo

Voyerismo

Fetiches específicos con partes del cuerpo:

axilas

pies

manos, dedos...

Fisting/footing y prolapsig

Si a la hora de las relaciones te dice que va a al baño y regresa con la botarga de ocelote, entonces sabes que quiere cumplir un fetiche y ya tú decides si le sigues.

Puede ser que lo hayas visto perfecto de cuerpo, mente y alma. Estabas esperando con todo este momento para consumar el acto, pero simplemente a ti no te late el látex y para él es imprescindible. Ni modo, a todxs nos pasa que en algún momento hay incompatibilidad sexual. Agarra tus cositas y busca a alguien más.

INCOMPATIBILIDAD SEXUAL

Por más que lo intentan, no se prende mucho el boiler. Antes o durante el sexo sientes que algo no está funcionando. Como que no estás tan caliente, tu pareja tampoco y esto termina en una experiencia poco erótica que definirías como «Meh».

Por mucho que se aferren, si el sexo no está funcionando no va a pasar nada porque no están en una relación como para trabajar en equipo, tercias o grupo. Cuando alguien no funciona en el contexto del sexo casual, es mejor no regresar.

Y en este mismo tenor, si alguien no te vuelve a hablar para la fechoría es simplemente porque no están en la misma frecuencia. No pienses mal de esta persona, solamente recuerda que en mercurio retrógrado los cáncer con los virgo no hacen *match* debido a la Luna, pero un géminis se lleva con piscis siempre que Júpiter apunte hacia Urano, porque libra y sagitario se comen bien a un aries, pero Neptuno dirige sus frecuencias hacia los ascendentes escorpión... Bueno, la verdad es que no sabemos nada de esto, solo te podemos decir que no hay compatibilidad sexual. No te malviajes pensando que te está rechazando porque no coges rico o cosas de esas, en realidad esto del sexo es un misterio.

PEPE: HAY VECES QUE TE EMOCIONAS PORQUE LO VAS A HACER CON EL HOMBRE PERFECTO, PERO RESULTA QUE EN LA CAMA NO HAY CHISPA.

TEO: Y ASÍ COMO NO ES TU CULPA, TAMPOCO DE LA OTRA PERSONA. SENCILLAMENTE NO HAY QUÍMICA NI PARA UN SIMPLE ACOSTÓN. PUEDE QUE UNA MANERA DE REDUCIR LA INCOMPATIBILIDAD SEXUAL ESTÉ EN PERTENECER A UNA TRIBU, YA QUE LAS PERSONAS AHÍ TIENEN CIERTOS GUSTOS ESPECÍFICOS. SI TE ANIMAS, BUSCA UN ENCUENTRO AL QUE PUEDAS IR DE NOVATA Y HAZ TODAS LAS PREGUNTAS QUE QUIERAS. SUELEN SER DE MENTE ABIERTA Y LES ENCANTA HABLAR DE LO QUE LES ATRAE.

No te sientas menospreciadx ni mucho menos discriminadx si no cabes en ninguno de estos círculos. No eres tú, no son ellxs; no hay magia y ya, pero no es el único aquelarre del mundo. Eso sí (y en esto debes ser firme): no permitas que te maltraten ni maltrates. Aprende a identificar cuando de verdad te están tratando de una manera fea.

DISCRIMINACIÓN SEXUAL

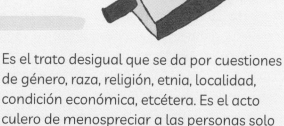

Es el trato desigual que se da por cuestiones de género, raza, religión, etnia, localidad, condición económica, etcétera. Es el acto culero de menospreciar a las personas solo por ser diferentes.

Ya lo decíamos: si no eres aceptado en una tribu gay, es porque muchas veces funcionan como un club privado con códigos sexuales. Fuera de ese entorno, siempre debe existir un trato igualitario entre todxs.

Así que si te dicen que no te aceptan los musculosos porque tú eres un oso, no te apachurres, bebé. Nada es absoluto y esto no implica que un oso no te busque para un agarrón. *Jueguen a que un musculoso caza al oso, por ejemplo, o a Ricitos de Oro y que tres ositos cariñositos se coman su «sopa».*

Pero **jamás permitas ni seas partícipe del maltrato sexual.** Como sabemos, nuestra comunidad sigue sufriendo estas actitudes en todos los ámbitos sociales. Si peleamos todos los días por visibilizar a la comunidad, por la equidad y acabar con la discriminación, no se vale que entre nosotrxs hagamos maldades y seamos culeras.

PEPE: POR AHÍ HAY ALGUNAS MUSCULOCAS QUE SIEMPRE ANDAN CON LA VISTA ARRIBA DESPRECIANDO A TODOS EN TODOS LOS CONTEXTOS, MÁS ALLÁ DEL SEXUAL. YA LAS CACHAMOS, EH.

Detecta los lugares o personas discriminatorias y denúncialos en la propia comunidad.

ACOSO Y ABUSO SEXUAL

Hermana, gracias por acompañarnos siempre. Gracias por llegar hasta aquí y reír, cantar, llorar y hablar de temas serios. Sabes que tus tías también te acompañan, aunque a veces sea difícil. Sigamos con la apertura de un tema que aún se mantiene censurado, a veces por nosotrxs mismxs. Comencemos por reconocer lo que hemos hecho mal o lo que hemos permitido para reaprender y poco a poco quedar bien hermosas de nuestras relaciones con lxs demás.

Acoso

Somos una sociedad que genera nuevas dinámicas y aprende constantemente. Gracias a esta renovada liberación femenina, la conversación mundial está centrada en transformar aspectos negativos que son parte de nuestra relación social normalizada.

Todxs somos responsables de esto. Quizá estaba tan normalizado que tú no sabías que sufrías acoso o que acosabas: desde esos piropos que parecen inocentes hasta el hostigamiento por todas las redes sociales. Nos encanta ver la paja en el ojo ajeno, no te hagas la que no. Es fácil señalar las actitudes nocivas en las relaciones de lxs demás, pero revisar las nuestras es mucho más complicado. Y sí, lo es, porque en nuestras relaciones involucramos emociones y a veces no vemos la situación en la que podríamos estar. Por eso es importante que reconozcas las actitudes que podrían convertirse en acoso.

TODA ACCIÓN DE INSISTENCIA Y HOSTIGAMIENTO QUE RESULTE DAÑINA PARA LA OTRA PERSONA:
ACOSO

INDEPENDIENTEMENTE DE SI TIENE CONNOTACIONES SEXUALES O NO

¿Notaste que después de hablar con esa persona para pedirle que se alejara ya no te acosa de esa manera, pero te hace la vida imposible de alguna otra forma?

Sí, bebé, eso sigue siendo acoso y debe terminar. Hay que decirlo: en algunos casos puede haber represalias o actos de venganza por denunciar este tipo de actos, pero ¡tú chingona! **Si estás sufriendo acoso, debes externarlo, bebé.**

Esto es muy común en el ambiente laboral y escolar, si la persona que tiene el poder o rol de mando te insinúa actividades sexuales, te toca indebidamente o de plano te agarra donde tú no quieres, es acoso. Esto no debe pasar. **No tengas miedo y denuncia.**

Sabemos que como tú no tienes *el poder*, te pueden amedrentar con despedirte, expulsarte, reducirte el sueldo o cualquier cosa que te perjudique. ¡No, señor! Denuncia y pide ayuda a gente de confianza. Asesórate y haz lo que debas para detener ese maltrato.

No debemos soportar esos comportamientos por miedo a las consecuencias, sin importar que vengan de alguna figura de autoridad del trabajo o de la familia. **Si has pasado por una situación así, tú no eres culpable. En caso de que se trate de un familiar, señalar el acoso no es lastimar a un ser querido; es detener un trato dañino para ti y dejar que las personas se hagan responsables de las consecuencias de sus decisiones. La culpa es de quien agrede.**

Cuando alguien se acerque a ti para pedir apoyo, consejos o compañía, ¡siempre debes tomarlo en cuenta! Quiere decir que la integridad de esa persona peligra y que tiene la suficiente confianza para abrirse contigo al respecto de un tema profundamente doloroso. Quizá no te considubles la persona indicada para ayudar, pero puedes orientar y turnar la situación con quien pueda hacerlo.

 **TEO:** NADA DE: «AY, CORAZÓN, NO SEAS EXAGERADA, ASÍ ES EL JEFE... ASÍ DEMUESTRA SU CARIÑO. AGRADECIDA DEBERÍAS DE ESTAR POR SER UNA DE LAS CONSEN».

 **PEPE:** Y MENOS DE: «AY, MIJA, NO SEAS ASÍ CON TU TÍO. ÉL SIEMPRE HA SIDO MUY CARIÑOSO CONTIGO, NO VUELVAS A PENSAR MAL DE ÉL».

Si alguien alza la voz, escúchalo. Sé ese apoyo y no seas un obstáculo. Esto se puede convertir en algo fatal.

El comportamiento machista del poder ha normalizado tanto el acoso, el abuso y las retribuciones sexuales que, por ejemplo, si alguien va a un *casting* y le piden sexo, decimos: «Pues es que ya sabes cómo funciona eso».

¡No! Esto es lo que hay que empezar a cambiar. Apoya a nuestras hermanas que denuncian esta normalización del sexo como moneda de cambio. Sabemos que también ocurre en nuestra comunidad LGBT y eso es igual de grave.

No aceptes cosas turbias como firmar el contrato a solas en horas que no son de oficina. ¡Eso no se lo *piden* a un hombre heterosexual!

Estas dinámicas no deben tener matices sexuales nunca. Y si así sucede, acuérdate de que casi siempre tienen mayor credibilidad quienes ostentan el poder. Por eso escucha a la víctima y acompáñala con algún especialista.

 LO DECÍAMOS EN EL LIBRO PASADO: ¡NO HAY QUE EDUCAR MACHITOS!

 NO VALIDEMOS NINGÚN COMPORTAMIENTO O ACCIÓN COMO ESTA.

El chip de esta nueva era no es solo decirles a nuestras niñas «cuídense», «pidan Uber juntas», «caminen por lugares bien iluminados». NO. **El chip de esta era es que ellas sean libres y en cualquier circunstancia y a cualquier hora; que si un hombre las ve, no les diga nada y no las moleste.**

Si quieres abordar a alguien porque te gustó, vas de frente y le dices lo que le tengas que decir: «Oye, amike, eres arte». O lo que quieras. Si te dice que no, te vas. Nada de que le robas un beso o cosas así. Esas dinámicas son machistas, retrógradas y normalizan el acoso.

Una vez más: ¡NO ES NO!

No es romántico robar besos a desconocidxs. No es coqueto mandar *nudes* sin que te las pidan, mucho menos insistir para que te las manden. No es seductor tocar a las personas sin su consentimiento.

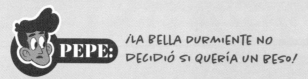

PEPE: ¡LA BELLA DURMIENTE NO DECIDIÓ SI QUERÍA UN BESO!

TEO: Y QUE NADIE LANCE EL MENSAJE DE QUE ESO ESTÁ BIEN. NO ESTÁ BIEN.

Aprende a detectar los juegos.

Si esa persona, que puede ser tu pareja (de días o de décadas), con toda seriedad y abiertamente te dice NO, es un no. Nada de: «Ay, es un no pero me suena a sí». ¡Que no, necia!

Recuerda que esta era es *SEX POSITIVE*.
Todo consensuado, marcando límites, pensando en la salud y viviendo como quieras.

Abuso

Cuando cualquier tipo de vejación se hace constante se vuelve abuso. A veces es tan sutil como esos «insultos cariñosos», y a veces tan flagrante como golpes en la cara. En ese momento es abuso.

Hablamos primero del acoso y la importancia de detenerlo porque, si muchas de las personas que acosan tuvieran la oportunidad de estar a solas con sus víctimas, abusarían de ellas sin dudarlo.

Este es el fin del depredador. Lastimar y devorar a su víctima. Todas estas prácticas cotidianas de maltrato sicológico, físico o sentimental **son parte del abuso sexual que tenemos que erradicar ya.**

Nos toca a nosotros como nueva generación identificar los comportamientos machistas en nuestra comunidad o en cualquier lado. **La equidad debe ser para todxs, no solo para lxs que deciden.**

Quizá tú, como eres **SOLA Y EMPODERADA**, identificaste esto y te fuiste. Pero si sabes de alguna persona sometida a este tipo de acoso normalizado o directo, ayúdala. Tampoco la presiones, pero siempre hazle saber que vas a estar ahí para creerle. Si está en tus manos, acompáñala en todas las cuestiones jurídicas tan sufridas por las mujeres y por nuestra comunidad LGBT.

Asimismo, comienza a cultivar en ella el amor propio que de seguro oculta por miedo. Dale todos los consejos que te han servido a ti y lleven la palabra del amor propio a todos lados.

¡Que así sea, chingona!

Capítulo

7

Después de gozar tanto...

¡Quién te viera tan aprendida!

Vivida espiritualmente, gozando de los placeres carnales, amándote a ti misma antes que a nadie.

CONTINUANDO SOLA

Ya estás realizada, empoderada; tienes sexo rico, seguro, sin problemas ni prejuicios, siempre segura de lo que quieres, y entonces vives eso que parece un unicornio: **la felicidad.**

No importa que te digan «Si sola te ves feliz, pues sola te quedarás».

 **TEO:** ESA SEÑORA TE TIENE ENVIDIA.

 **PEPE:** ¡MEJOR SOLAS Y CONTENTAS, BEBÉ!

Y si pensabas que en la última parte te íbamos a dar un consejo de princesas de Disney, un conjuro de brujas, una fórmula científica o cualquier otro menjurje para que encuentres a tu pareja: na-ah. Se te dijo bien clarito cómo es este libro. ¿Lista para una pareja? Busca *#NiTanSola.*

185

¡Acá te celebramos a ti y a nadie más! Ya lo trabajamos durante toda la lectura, ahora es tu turno para ponerlo en práctica diariamente **hasta que el amor propio se convierta en algo inseparable de ti,** de lo que quieres para tu cuerpo, de lo que quieres para tu cabello, de lo que quieres vestir, de lo que te hace reír, de lo que quieres para esta noche.

Si quieres ser muy activx, adelante; si solo quieres pasar el rato en platicaditas, también hazlo, pero no recaigas ni te descuides en ningún aspecto. Continúa trabajando y todxs verán que te amas sin necesidad de demostrarlo.

¡ERES ADMIRABLE!

Te enfocas en tu trabajo. Cumples tus objetivos profesionales y económicos con dedicación, pero no te olvidas de encontrar el equilibrio, no te autoexplotas ni te dejas explotar. ¡Sabes cuando andas de *workaholic*, pero siempre te das un tiempo para ti!

Pasas más ratos con tus amigos y familia.

¡Uff, esto también está perfectísimo! Regresaste a la convivencia con tus padres, hermanos, primos y amigos. Estás notando que es lo más increíble del mundo. Disfrutas de nuevo las risas, bromas y experiencias que solo con esas personas puedes vivir. ¡Celebras los lazos y las experiencias únicas que te unen a ellas!

Tienes a la vista un nuevo *hobby*, deporte, meta académica o artística.

¡El mundo es tuyo! Retomaste tu juego de cartas otaku, agarraste tus patines para pasear por la ciudad o te apuntaste a esa extraña disciplina de sufrimiento, proteínas y dolor llamada gimnasio; también está la yoga, clases de cerámica y talleres de improvisación, ¡lo que sea! ¡Ahora sí te dedicas a escribir, a pintar, a bailar! Estás retomando tus estudios, haciendo esa maestría que tanto quieres o aprendiendo algún idioma que te abrirá las puertas a otros mundos, otras personas, otras visiones del amor.

Conoces tu entorno y entiendes tus privilegios.

¡Sales un poquito de las redes sociales! Caminas por las calles de tu ciudad, comprendes sus necesidades desde una perspectiva elegebetista o feminista. Viajas, pero siempre entiendes la fortuna de poder hacerlo y desde esa humildad aprendes todo lo que puedes, ayudas a otrxs y vives al máximo.

Tú siempre valiente, siempre cuidando a tu comunidad.

Escuchas los comentarios contrarios y los enfrentas con argumentos, ignoras a la gente tóxica y simplemente te alejas de esas malas influencias. Primero en tu círculo más cercano y luego hacia afuera, tejes lazos de comunicación y ayudas como puedes para disminuir cosas como la discriminación o la violencia de género.

No te presionas para encontrar a alguien más.
Quizá vives en un ambiente más tradicional, pero no importa, sabes lidiar con la presión social. Felizmente, has decidido estar sola y ya. Además, nadie sabe lo que te deparará el camino de la vida. ¡Tú regocíjate mientras lo transitas!

APARECIÓ EL AMOR INESPERADO

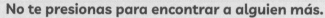

En esta vida autónoma, el amor podría encontrarte de la manera más inesperada: al comprar en la tiendita de la esquina, mientras **él** se ve guapísimo y tú estás en pijama esperando a que te entreguen el medio kilo de pechuga de pavo que tanto te gusta.

PEPE:

OYE, PERO NO SE VALE QUE VAYAS A LA TIENDA A CADA RATO PARA VER SI TE LO ENCUENTRAS.

TEO:

ACUÉRDATE DE QUE, CASI SIEMPRE, LAS COSAS LLEGAN CUANDO MENOS LAS «NECESITAS».

Si esto sucede y por azares del destino comienzas a salir con alguien y ambxs se quieren para algo más que una noche de pasión efímera —ya sea porque se comunican bien o porque hay compatibilidad sentimental y sexual—, no te cierres a la oportunidad de comenzar una relación de pareja.

¡Éntrale sin miedo a lo que venga, que para eso te amas a ti misma!

EN CUALQUIER ESCENARIO

No te limites por creer que dejarás de ser esa persona que estando sola ha encontrado su mejor versión. Toda experiencia es un aprendizaje externo e interno. Puede que esa nueva relación funcione de lo lindo. Si hallaste al ser que te hace feliz como pareja, ahora sí busca **#NiTanSola** y emprende con ella este nuevo viaje de lectura y consejos de amor. (Pero nunca te vayas sin terminar. Échate el final de este libro, recuerda que la información es poder).

Aunque esa nueva relación termine, siempre habrá una enseñanza que asimilar.

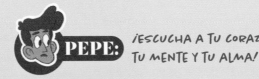

PEPE: ¡ESCUCHA A TU CORAZÓN, TU MENTE Y TU ALMA!

TEO: ¡Y A DIOS! BUENO, ESO NO ES CIERTO (VEMOS), PERO SÍ ¡ADIÓS!

189

¡UN ÚLTIMO APAPACHO!

Algo muy importante sobre la felicidad:
siempre nos han dicho que la felicidad está en el exterior,
en coches, viajes, joyas, videojuegos, casas, trabajo, familia,
etc., pero no. ¿Recuerdas que lo hablamos al inicio?
También dejamos claro, y lo volveremos a hacer cada vez
que sea necesario, que **la felicidad está en uno mismo.**

Alimenta este sentimiento de felicidad haciendo lo
que disfrutes, tomando todas las decisiones de tu
vida por ti mismx y sintiéndote cómodx con todas tus
acciones. Si en algún momento te descarrilas, ¡ya lo
sabes! Recapacitas, pides perdón (incluso a ti, de ser
necesario) y retomas tu sendero.

Si en este momento estás en un proceso de
separación y te sientes más vulnerable por tu
edad, ya lo hablamos desde el inicio: **la vejez
no es un límite para el amor, para el sexo,
para conocer gente nueva ni para vivir lo
que quieras.**

Siempre recuerda colocar en tu
escala de valores, primero y antes
que nada, tus sentimientos.

¡Y RECUERDA QUE YO SOY PEPE!

¡Y YO SOY TEO!

¡Y recuerda siempre que te amamos!

En la siguiente página encontrarás el útlimo paso: un certificado de amor propio avalado por la notaría elegebetista PEPE&TEO de lo familiar no. 69 Bis "C".

Es muy importante para nosotras, tus tías, que firmes el compromiso más importante de tu vida, el que te permitirá tener una vida llena de emociones, experiencias y tantos bonitos recuerdos como para llenar un álbum de amor propio.

ESCRIBE LO SIGUIENTE EN UN LUGAR VISIBLE:

¡EL AMOR EMPIEZA EN UNX MISMX!

Si estás listx

y decides firmar,
no olvides compartir
una foto con nosotros y
con toda nuestra hermosa
comunidad en redes.

Utiliza #SoySola

para presumirnos este
compromiso y animar a
otros bebés de luz a que se
acepten y se amen como son.